Saliha Scheinhardt
Und die Frauen weinten Blut

Saliha Scheinhardt
Mit Liebe.
8.3.92

Zur Aussprache der türkischen Namen:

c = dsch
ç = tsch
ğ = velarer Reibelaut wie das deutsche »j« oder »gh«
ı = i ohne Punkt ist ein dumpfer Laut, mit zurückgezogener und gesenkter Zunge zu sprechen
j = französisches »j« wie in »Journal«
s = deutsches »ß«
ş = sch
v = deutsches »w«
y = deutsches »j«
z = stimmhaftes »s«

Saliha Scheinhardt

Und die Frauen weinten Blut

Erzählungen

Dağyeli

Die Deutsche Bibliothek - CIP-Einheitsaufnahme
Scheinhardt, Saliha:
Und die Frauen weinten Blut: Erzählungen/Saliha Scheinhardt. - Frankfurt (Main): Dağyeli, 1991
ISBN 3-89329-126-1

1. Auflage 1991

Merianstrasse 27, D-6000 Frankfurt am Main 1
Telefon 069/438138 Telefax 069/436154

Umschlagsgestaltung: Yıldırım Dağyeli
unter Verwendung des Bildes »Verzweifle nicht, wenn auch das Suchen lange dauert I/Hoffnung« von İsmail Çoban
Gesetzt aus der Times 10/11,5 Punkte
Satz (Datenübernahme): Kirpi-Medien, Essen
Druck: Nexus, Frankfurt am Main
Printed in Germany
ISBN 3-89329-126-1

Inhalt

»In Erwägung machtet ihr Gesetze,
die uns knechten soll'n.
Die Gesetze seien künftig nicht
beachtet.
In Erwägung, daß wir nicht mehr
Knecht sein woll'n.«

Bertolt Brecht

Alaz Kadın

»Das Paradies ist unter den Füßen der Ehemänner«, sagt Mohammed, der Prophet. Gott möge seine Hände segnen! Dieses zerbrochene Herz trage ich jetzt bald zwanzig Jahre in diesem vergänglichen Leib, doch nie hat sich meine Zunge ein Wort gegen meinen Helden erlaubt. Die Glut des Schmerzes habe ich in stillen Ecken mit Tränen gelöscht.
Es regnet wieder in Kayaş, und wenn es in Kayaş regnet, bleibt keine Spur von Gehwegen. Alles verwandelt sich in Schlamm. Menschen igeln sich in ihre Bruchbuden, ihre Gecekondus ein. Das Leben muß trotz allen Elends weitergehen. Wenn der Regen auf den Wellblechdächern seinen Teufelstanz beendet hat, fängt die Arbeit an. Es braucht Tage, um die Regenschäden zu beseitigen. Aus allen Ecken ist dann das Regenwasser in die Häuser gesickert, jeder Kessel, jeder Eimer unter den Löchern hat sich mit Regenwasser gefüllt. - Noch neulich, bevor die Regenzeit begann, habe ich die Löcher im Wellblech mit Wachs gestopft, aber auch das hält nicht. In der Sommerhitze schmilzt das Wachs. Du kannst dich jeden Tag von neuem an die Arbeit machen, es nimmt kein Ende. Was soll man tun? Das Dach müßte völlig erneuert werden. Wie soll ich es zustande bringen? Ohne Geld, ohne Mann...
Wie wichtig aber war der Regen doch für unser Leben im Dorf. Wenn der Sommer zu heiß zu werden schien, richteten die Menschen ihre furchtvollen Augen, Gott anflehend, zum Himmel empor. Regen bedeutete Gottes Segen und eine gute

Ernte, Regen war Leben, Regen war unsere Existenz. Hier ist es anders, hier in dem höllischen Elend, am Rande einer der größten Hauptstädte der Welt, habe ich nicht einen einzigen Baum stehen sehen, nicht einmal einen Strauch. Darum kann der verflixte Regen von mir aus wegbleiben. Und wenn's schneit, ist es nicht anders. Auch wenn wir die heidnische Kälte beiseite lassen, macht uns das Schneewasser alles kaputt. Die im Haus den Sommer über gestopften Löcher platzen auseinander, die Risse in den Dächern und Mauern gehen mehr und mehr auf... Auch, daß ich inzwischen einiges an Reparaturen selbst vornehmen kann, hilft nicht. Zum einen brauchen manche Arbeiten einfach Männerkraft, zum anderen wird das Baumaterial immer teurer. Es bleibt alles liegen. Früher kam mein Mann im Sommer und richtete alles, dann kam er auch im Winter, um nach dem Rechten zu sehen. Das tut er schon nicht mehr, seit die Kinder aus dem Haus sind; damals war ich noch jung, damals war ich vielleicht sogar als Frau für ihn reizvoll, außerdem zog die Sehnsucht nach den Kindern ihn immer wieder heim. Heute, heute ist alles anders.

... als wir damals wie zwei Blüten füreinander leuchteten, Lieder dichteten einer dem anderen, als wir in die Berge flohen in einer Winternacht, da unsere Leiber im Feuer brannten und wir nicht den Frühling abwarten konnten, dann uns um Haaresbreite retteten vor den Schüssen der auf uns gejagten Jäger, flohen in die goldene Stadt Ankara - unsere Hoffnung, auf diesem heißen Pflaster eine Existenz aufzubauen... alles, alles ging verloren.

Die Jahre vergingen und zerstreuten uns in die weite Welt wie die Splitter eines gefällten Baumes; verloren ist der Sohn für seine Mutter, entwurzelt ist der Mann aus seiner Erde, und der Schmerz blieb.

Sieben Jahre lang zog Mutter an den heiligen Ort, zündete Kerzen an, streichelte die Klagemauer und bat Gott um

seinen Segen. Sieben Jahre lang gaben wir meine Schwestern und Brüder den Krallen des Todes frei. Keine Kräuter, keine Gebete halfen gegen die Krankheiten, Ärzte gab's nicht in der Gegend. Nur ich blieb am Leben, die letzte Hoffnung!
Nach sieben Jahren, als sieben kleine Gräber dort auf dem Hügel nebeneinander standen, schlich sich ein Lichtstrahl eines Morgens durch das Fenster in unser Lehmhaus. Mutter, die in den letzten sieben Jahren nur noch ein Schmerzbündel geworden war, pendelnd zwischen den Gräbern ihrer Kinder und unserem Haus, und die sich dann in der Ecke der Stube ein Bett errichtet hatte und sich jeden Tag von neuem gründlich wusch und meinte, wenn der Tod sie überfiele, wolle sie wenigstens rein sein, duften, wenn sie ihre verstorbenen Kinder im Jenseits wiedersähe. Mutter legte überall in ihr Bett ihre liebsten Kräuter, nahm ihren Rosenkranz und richtete ihre Blicke auf das Fenster und wartete, wartete auf den Tod. Aber der Tod kam nicht. Als an jenem Morgen das Licht ins Haus durchschimmerte, gab sie es auf, den Tod freiwillig empfangen zu wollen. Dieser Lichtschimmer verwandelte sie, und sie meinte, in ihrem Traum hätte sie ihre verstorbenen Kinder gesehen: Ali, İbrahim, Zekiye, Rabiya, Zehra und vor allem die Jüngste, Sevgi, hätten ihr wie mit einer einzigen Stimme zugerufen, sie müsse ihrem Schmerz ein Ende setzen, denn sie könnten nicht zusehen, wie ihre Mutter vor ihren Augen ihretwegen zugrunde ginge. »Uns geht's gut«, hätten sie gesagt, sie bekämen die schönsten Kleider und Mahlzeiten, und viele nette Kinder seien ja auch zum Spielen da. Aber sie hätten alle einen schiefen Mund, sagte Mutter, und alle wären einäugig.
Das war der Morgen, als Mutter mich aus dem Bett schüttelte. Wir beide machten uns auf den Weg zu den Gräbern. An diesem Morgen hat sie nicht, wie sie es sonst tat, geweint und gebetet. Nein, sie sprach an den Grabsteinen mit all ihren Kindern, als seien sie gegenwärtig. Ali, den Ältesten, beauf-

tragte sie, auf die Jüngeren aufzupassen. Zehra warnte sie davor, sich dem Fluß zu nähern, die bösen Geister säßen an der Flußmündung, sie solle gehen, wenn es unbedingt sein müsse, aber unbedingt dreimal das Salavat-Gebet sagen, nach dem Amen nach rechts und links schauen und pusten und sich erst dann der Mündung nähern. Sevgi bat sie, ihre Kleider sauber zu halten und ja den Geschwistern zu gehorchen. Nachdem sie sich mit allen einzeln und ausführlich, zeitweise sogar heiter unterhalten hatte, verabschiedete sie sich wieder von allen einzeln, sie umarmte und küßte sie. Während der ganzen Zeit betrachtete ich sie vom Schatten der alten Eiche aus und bekam Angst und dachte, sie wäre durchgedreht. Aber ich irrte mich. Sie nahm meine Hand, und wir machten uns auf den Weg nach Hause.

An diesem Tage wurde unsere Lehmhütte umgekrempelt: Die Mauern wurden gestrichen, sie mischte Farbe mit Ton und malte an die unteren Kanten der Mauern Frühlingsblumen, die Kelims hängten wir in den Hof zum Klopfen. Ihr Bett bekam einen neuen Bezug, das Geschirr wurde mit feinem Sand und Asche in Glanz gebracht. Gegen Abend zündete sie das Feuer an und kochte in einem riesigen Kupferkessel aus Traubensirup und Mehl Helva. Bevor es kalt wurde, zogen wir von Haus zu Haus und verteilten das Helva an die Nachbarn. Die Nachbarn schauten uns mit fragenden Augen an und konnten nichts begreifen, denn gewöhnlich verteilt man Helva an besonderen Feiertagen oder nach außerordentlich glücklichen oder unglücklichen Ereignissen. Vielleicht glaubten sie, Mutter sei wirklich verrückt geworden. Als mein Vater abends mit der Herde aus den Bergen kam und die Veränderungen rundherum feststellte, zog er mich beiseite und befragte mich eindringlich. Was sollte ich sagen? Ich erzählte, was geschehen war. Wie sollte ich all die Zusammenhänge deuten?

Über Nacht schmierte Mutter mir noch dazu Henna in die

Haare und die Hände, die ganze Nacht mußte ich regslos mit verbundenen Händen und eingewickelten Haaren auf dem Rücken liegen, damit das Henna in Haare und Haut zog und trocknete. Erst mit Sonnenaufgang endete diese Qual. Mit einem Eimer Wasser wurde ich draußen im Hof geschrubbt, geschmückt, sie drückte mir dann ein Fladenbrot in die Hand und schickte mich in die Schule. Die Lehrer und die Kinder nahmen mich auf die Schippe, ob in diesem Dorf die Toten nicht mehr geehrt würden, es seien ja kaum vierzig Tage vergangen, seit wir die letzte Leiche aus dem Hause getragen hätten; sie fragten mich, was bloß der Grund der feierlichen Entwicklungen in unserem Hause sei, ob Mutter völlig von Sinnen sei. Vor den Augen der Lehrer spielten die Jungen Fußball mit meinem Schulbeutel, die Mädchen zogen an meinen rötlichen Zöpfchen und riefen mir »Hexe« nach. So jagten sie mich aus der Schule, und das war mein letzter Schultag. Noch hatte ich keinen Buchstaben und keine Zahl gelernt. Von diesem Tage an habe ich immer einen Bogen um die Schule gemacht. Niemand hat sich weiter darum gekümmert, bis einmal ein Lehrerehepaar ins Dorf zog und immer wieder versuchte, mich mit süßen Worten in die Schule zu locken. Doch der Alptraum lähmte mich, wieder unter Wölfen zu sein, und so blieb ich weg. Danach nahm niemand mehr das Wort Schule in den Mund. Die fröhlichen Zeiten meiner Mutter hatten einen kurzen Atem. Es dauerte nicht lange, bis sie eines Morgens nicht aus dem Bett kam. Sie rief immerzu: »Nimm mir die Pfeile aus dem Herzen, die sieben Pfeile, die sieben Pfeile...« Ihre Stimme wurde heiser nach tagelangem Schreien. Sie war nach diesen wenigen Tagen nur noch Haut und Knochen. Zu den Gräbern führte ich sie nur noch an den Freitagen nach dem Mittagsgebet. Schon lange fiel ihr nichts mehr ein, was sie ihren Kindern sagen konnte, sie streichelte mit tausend Mühen die kleinen Grabsteine, wir gossen auf jedes Grab eine kleine Kelle Wasser und kehrten heim.

Unterwegs murmelte sie vor sich hin: »Sie kommen nicht mehr, sie wollen mich nicht mehr sehen, Zehra, Sevgi, meine Lämmer...«
Inzwischen wuchs ich, die einzig Übriggebliebene von acht Kindern, heran, so daß ich alle Arbeit in unserem dreiköpfigen Heim mühelos erledigte; wenn die Arbeit getan war, setzte ich mich an ihr Bett, manche Stunden saßen wir stumm dort, und ich fühlte, ich war ihr einziger Halt. Manchmal, während ich meine Aussteuer bestickte, erzählte sie mir von ihrer Jugend, schmückte mir das Haar und betete dafür, daß zu meinem Kısmet auch ein rehäugiger, schmalhändiger Junge gehören möge - so beschrieb sie meinen Vater, als sie ihn geheiratet hatte. Noch nie hatte sie ein böses Wort von ihm gehört, nie hatte sie einen Wunsch ein zweites Mal äußern müssen. Glücklich waren sie beide gewesen. - Ich war durch ihre Krankheit sehr ans Haus gebunden; kam ich etwas später von irgendwoher, so hatte sie sich mühsam ans Fenster geschleppt und wartete auf mich. Sie hatte Angst, daß ich irgendwann irgendwohin gehen und nicht wieder zurückkommen würde. Welch eine Vorahnung!
War es Vaters Wunsch oder ein Vorschlag der Mutter? Ich weiß es nicht. Eines Tages kam eine Frau in unser Haus, die die Mutter pflegen und den Haushalt führen sollte. Als aber meine Mutter mich beauftragte, das alte breite Bodenbett wieder herzurichten, wurde mir klar, daß diese Frau die zweite Frau des Vaters werden würde. In anderen Haushalten war es durchaus üblich, eine zweite oder gar eine dritte Frau ins Haus zu bringen, wenn die erste nicht mehr »tauglich« war. Aber Vater war doch nicht solch ein Mann! Als ich im Hof auf der Strohdecke die Wolle ausklopfte und in das Bett hineinstopfte, kam mir jede erdenkliche List in den Sinn, wie ich diese Frau aus dem Hause jagen würde. Ich konnte doch nicht zusehen, wie sie den Platz meiner Mutter einnahm! Als ich aber sah, wie freundlich selbst Mutter dieser fremden

Frau gegenüber war, als kenne sie sie schon lange und sei innigst mit ihr verbunden, ließ mein Zorn nach. Sie ihrerseits bemühte sich, es uns allen recht zu machen, sie arbeitete wie ein Pferd, ich brauchte im Hause nichts mehr zu tun. Ihre warmen Blicke ließen mich meinen bösen Gedanken vergessen, sie sprach kaum, und wenn, dann waren es kurze und leise Worte. Ich schämte mich für meine Unreife und gab auf, ihr die ständige Gegnerin zu sein. Nach einer Weile zogen wir zusammen auf die Felder, an den Fluß und in den Stall. Sie war auch diejenige, die mit mir zum Friedhof ging, von den sieben Gräbern meiner Geschwister sieben Handvoll Erde in sieben kleine Säckchen packte und über das Bett der Mutter hängte, um ihre Sehnsucht nach den Kindern zu stillen. Sie richtete ihre Gebete von nun an auf die sieben Säckchen, die über ihrem Bett hingen. Auf ihren Wunsch hin sammelten wir sieben verschiedene Feldblüten und befestigten sie an den Säckchen. Seit jenem Tage wandte sich Mutter nur noch ihren Gebeten zu, ihre zierlichen Lippen flüsterten endlos für mich Unverständliches.
Vater ging seiner Arbeit nach, und wenn er abends erschöpft heimkehrte, war er wenig gesprächig. Miriam, die fremde Frau, und ich kamen einander nahe, wurden ein Herz und eine Seele mit der Zeit. Sie erzählte von Menschen, deren Namen für mich sehr fremd klangen, von Orten, von denen ich nie etwas gehört hatte. Erst viel später begriff ich die Konvertierungszeremonie in unserem Hause, bei der sie zu einer Muslimin getauft wurde. Von einem ganz, ganz fernen Ort kam sie, wie sie sagte, wo in einem Tal Christen und Muslime zusammen lebten und sich stritten und sich wieder versöhnten. »Ihre Kinder spielen friedlich miteinander«, sagte sie, »aber die Erwachsenen sind kindischer als ihre Kinder und überfallen sich gegenseitig in ihren Dörfern, wegen nichts. Sie schießen aufeinander, vergießen Blut und üben Blutrache, die den nachwachsenden Generationen als

Erbe auferlegt wird. Aber nichts kann die Liebe besiegen.« Während sie dies alles erzählte, blickte sie in die Ferne, als warte sie auf einen Ritter, auf ihren Ritter, der sie aus einem christlichen Dorf entführt hatte, sie die Liebe kosten ließ und von Bergräubern überfallen und erschossen wurde. Eines Abends brachte man seinen durchlöcherten Körper vor ihr Haus. Dann kamen seine Brüder und nahmen ihr auch die Leiche des geliebten Mannes weg. - Nach ihrer Liebesflucht waren beide aus ihren Familien und Dörfern verbannt worden. »Waren die Mörder seine Brüder, weil er eine Christin geliebt hatte, oder war es jemand aus unserem Dorf, der eine Christin aus Nächstenliebe und im Namen des christlichen Glaubens aus den Händen eines Kurden retten wollte - niemand kann darauf eine Antwort geben.« Ihre Augen glänzten vor Tränen, aber sie faßte sich wieder. Ihre Tränen bekamen kein Mitleid, um sich niederzuschlagen, sie blieben in ihren Augen wie zwei Perlen stehen. Ihr Schmerz traf mich zutiefst.
Miriam wurde mir eine unersetzliche Vertraute.
Schnee fiel auf die Dörfer, Blüten stiegen aus dem Schnee, Saat wurde in die schneeige Erde gesät, wurde zur Ernte, aus der Ernte kam die neue Saat, das neue Leben entstand in jedem Frühling.
Jahreszeiten vergingen wie der Wind. Nichts veränderte sich sonst an uns, weder hörte Mutter auf, ihre sieben Säckchen anzubeten, noch erfand Vater eine Neuigkeit. Miriams und meine Tage vergingen jeder wie der andere, und ich hätte nicht bemerkt, wenn Miriam es mir nicht ins Ohr geflüstert hätte, wie meine Hüften fraulicher wurden und meine Brüste nicht mehr in die Kleider paßten. In meiner Unbekümmertheit hatte ich völlig vergessen, daß ein Mädchen meines Alters sich langsam in acht nehmen mußte vor den Jungen des Dorfes. Die Truhe füllte sich mit der Aussteuer, mit auf weißem Tuch bunt gestickten Rosen-, Nelken- und Tulpen-

mustern, mit schneeweiß gehäkelter Spitze, Bettüchern, Kissen, Nachthemden, Schlafanzügen, Socken, Taschentüchern für den Bräutigam. Aber noch gab es weit und breit keinen Bräutigam, mich kümmerte es auch nicht; ich wurde vorläufig damit in Ruhe gelassen, und es war mir recht so!

Als die Lotosblüte vom Blitz getroffen wurde, war es ein staubiger Sommerabend. Die Sonne versank lustlos hinter dem Horizont, ihre letzten Strahlen leuchteten noch auf den Gipfeln der Bäume, der Sommerwind brachte einen zarten Ton aus der Ferne, es war die Melodie eines bekannten Liedes: »Meine Oliväugige, was suchst du in der Fremde? Ich ließ meine Lieder mit dir wandern, bleibe nicht in der Ferne.« - Ich blieb stehen. Der Zauber des Liedes faßte mich, ich spürte den heißen Atem des Sängers, als sei dieses Lied eine für mich bestimmte Liebeserklärung. Das war das Lied einer Rückkehr. In dieser Minute wurde mir die lange Abwesenheit Kerems und seine Rückkehr erst bewußt. Fast zwei Jahre war er weggewesen, zwei lange Jahre war es für mich unbedeutend, daß er in einer fernen Stadt, einer großen, reichen Stadt, einer Stadt, in der Menschen und Autos wie die Ameisen die Straßen füllten, deren Häuser in den Himmel emporstiegen, deren Läden Tag und Nacht leuchteten, seinen Militärdienst ableistete. Das alles erzählten die Frauen seiner Familie in der Nachbarschaft. Dann kam irgendwann ein Foto von ihm in Soldatenuniform, mit einem nur den Soldaten eigenen Lächeln. Angeberisch hatte er darauf die linke Hand an die Schläfe gelegt und sich abbilden lassen, um mit seinem einzigen wertvollen Besitz, der Armbanduhr, die er durch seine Verdienste errungen hatte, anzugeben. Und dann war noch das ganze Bild herzförmig ausgeschnitten. Auf einem anderen Bild war eine Horde kahlgeschorener Soldaten zu sehen. Sie marschierten; sich selbst hatte er darauf mit einem roten Pfeil markiert.

Mit ihm waren aus unserem Dorf noch andere Jungen zum

Militärdienst gegangen, doch weder wurden deren Briefe wochenlang von Mund zu Mund erzählt, noch die Fotos von einer Hand zur anderen gereicht. Seine Gedichte, die lediglich vom Heimweh nach dem Dorf und seinen Eltern handelten, wurden inzwischen zu Liedern in unseren Mündern. So verliebte sich in Kerems Abwesenheit ein Mädchen nach dem anderen in ihn. Kamen wir Mädchen irgendwann zufällig zusammen, gab's nichts anderes, als von Kerem zu reden, so oft, daß es mir irgendwann lästig wurde. Wenn das Gespräch immer wieder auf ihn kam, suchte ich die Mädchen auf etwas anderes zu lenken. Aber gerade diese Haltung machte die Mädchen mißtrauisch mir gegenüber. Dann fingen irgendwann Rivalitäten an. Aber wir Mädchen waren so eng zusammen, daß wir nicht lange böse aufeinander sein konnten. Nunmehr machte sich jede ihre Hoffnungen auf Kerem innerlich; er hätte sich wahrscheinlich totgelacht und sich natürlich höchst geschmeichelt gefühlt, wenn er gewußt hätte, was wir über ihn dachten und wie jede im stillen auf ihn spekulierte.

Als die Lotosblüte vom Blitz getroffen war, warf die Sonne ihre letzten Strahlen auf die Guten und Bösen; die Blüte schloß sich, sie wagte nicht einmal eine kleine Umdrehung, um dem Licht zu folgen.

Die größte Aufregung in jenen Tagen war Kerems Rückkehr. So ist es üblich: Kommt ein Junge vom Militärdienst zurück, dann gehen die Frauen seiner Familie auf Brautsuche, wenn nicht schon vorher feststeht, wer die Glückliche sein wird. Wie die Zeit zeigte, war ich nicht die Auserwählte, Glückliche, die von seiner Familie als Braut bestimmt worden war. Wenn man so unter Frauen klatschte, kriegte man mit, daß die mysteriösen Todesfälle meiner Geschwister der Grund waren für mein Ausscheiden aus der Wahl. Aber die Glückliche, die Kerems Mutter mit Leib und Seele haben wollte und der sie fast den Ziegenbock, mit Seidentüchern geschmückt, durch die Vermittlersfrauen ins Haus geschickt hätte, wollte Kerem nicht! Kurz und gut, bevor es zu spät war, sind wir durchgebrannt. Welch ein Roman könnte daraus entstehen, wenn ich erzählen würde, wie die Monate vor unserer Flucht waren. Nun ja, heute sage ich mir, ich war damals verrückt. Wenn Miriam mir nicht auf Schritt und Tritt in meinem Liebeskummer beigestanden hätte, wenn sie mich nicht geschmückt, mit Ratschlägen versehen hätte, wie ich Kerems Aufmerksamkeit auf mich lenken konnte, wenn sie nicht eine gekochte und geweihte Eselszunge heimlich in Kerems Haus geschmuggelt hätte, damit seine Mutter sich bei der Entscheidung für eine Braut ja nicht durchsetzte, hätte ich es nicht fertiggebracht, ihn zu verführen. Sie war auch diejenige, die unsere Flucht gründlich plante und mit durchführte, und zwar so, daß es keiner merkte. Sie beschrieb ihr in der Fremde liegendes Dorf und gab mir das Kreuz, das sie Tag und Nacht am Hals trug. Wenn wir ihr Dorf erreichen würden, sollten wir Pater Josef im Kloster aufsuchen, ihm das Kreuz geben, das er bei Miriams Taufe eigenhändig an ihren Hals gebunden hatte. Er würde uns so lange beherbergen, wie es uns dort gefiel.

Wie wir in jener Hundsnacht und später von Pater Josef aufgenommen wurden, wird mir mein Lebtag nicht mehr aus dem Sinn gehen. Nicht meine, sondern Kerems Eltern waren es, die die Gendarmerie auf uns jagten. Das Kloster wurde eines Morgens von der Gendarmerie überfallen, Pater Josef weigerte sich, die Tore zu öffnen, die Gendarmen drohten mit Einbruch. Es ist mir unvergeßlich, wie der alte Mann in seinem langen Gewand vor Angst zitterte und uns dennoch nicht preisgeben wollte. Schließlich entschlossen wir uns doch, mit der Gendarmerie ins Dorf zurückzugehen. Als wir ankamen, beruhigte sich die Gemeinde rasch über unsere Flucht; niemand war mehr böse auf uns, weil wir geflohen waren, aber unfaßbar schlimm fanden alle, daß wir uns in einem christlichen Kloster beherbergen ließen. Man fragte uns sensationsgierig, ob wir mit Gewalt zum Christentum konvertiert worden wären. Der Dorfimam mußte unseren Glauben auffrischen und neu befestigen. Welch ein Schwachsinn! Während dieser Zeremonie schäumte sein Mund vor Eifer, als räche er sich an seinem Christenfeind; als seine feuchten Hände meine Wangen streichelten, ekelte ich mich. Auch dieser Mann, mit dem Schlaf in den Augen und dem Schaum vor dem Mund, kommt immer wieder in meinen Sinn wie ein Alptraum, wenn ich mich an jene Tage erinnere. Sieben Tage, sieben Nächte bellten Hunde am Dorfeingang, geschmückte Wagen zogen ein, Geschenke füllten die Schränke, Lämmer wurden geschlachtet, der Trommler wurde nicht müde zu trommeln, die Menschen ließen nicht ab zu tanzen. Der Höhepunkt des Ganzen war, als meine sonst bettlägrige Mutter sich mit ein paar verzierten Holzlöffeln tanzend in die Mitte stellte, da waren wir doch alle baff. Und man mußte denken, wenn die Fresserei nicht bald ein Ende fände, gäbe es ein Unglück, womöglich müsse man das ganze Dorf ins Stadtkrankenhaus einliefern.

Die Liebe war schön, die Leidenschaft heiß, aber solches Elend, nein, das hatte ich mir nicht im Leben erträumt. In diesen sieben Tagen - während unseres tollwütigen Hochzeitsfestes habe ich Kerem nie zu sehen bekommen; die Jungen hatten ihn in Beschlag genommen, er genoß mit Gleichaltrigen und anderen frisch Verheirateten in einem nur für Männer zugänglichen Haus seine letzten freien Tage vor dem Eheleben. Wie wir später merkten, hatten diese Burschen doch allerlei Unheil gestiftet. Zwar sind es ohne Ausnahme immer die Frauen, die in Ketten gelegt werden, aber die Ehe heißt für die Männer trotzdem gebunden zu sein wie der Maulesel an einen Birnbaum. - Mit mir geschah in diesen Tagen folgendes: Ich wurde jeden Morgen - es war im wahrsten Sinne des Wortes eine körperliche Folter - vom Ruf

des Müezzins geweckt, bekam Milch und Honig zur Stärkung, dann ein reichliches Frühstück, das mir von drei Frauen von allen Seiten ins Maul gestopft wurde. Nach dem Frühstück bekam ich allerlei Farbe ins Gesicht geschmiert; um den Sitz meiner Locken bemühten sich mehrere meiner ehemaligen Rivalinnen - plötzlich gab's keine mehr, alle waren friedlich - dann setzte man mich in meinem Hochzeitskleid auf den Diwan in der Ecke, wie eine Plastikpuppe, und ich mußte nur brav lächeln - das aber war mir gerade eine Qual. Hätte ich in diesen Tagen Kerem einmal zu sehen bekommen, so hätte ich ihm bestimmt die Augen ausgekratzt und ihm die Haare ausgerupft, hätte ihn gefragt, was meine Schuld war, daß sein Clan mir so etwas antat. Dabei war solch eine würdige Hochzeitsfeier der Traum eines jeden Mädchens. Es war Geduld, Geduld, Geduld notwendig, bis die letzten Besucher das Haus verließen und ich wieder von drei Frauen ins Bett gebracht wurde. Und das alles an jedem der sieben Tage.
Dann kamen die Sturmzeiten. Die Lotosblüte war einem Frost ausgesetzt, das Lächeln erstarrte auf ihren Lippen. Mein Gang wurde schleppend - früher nannte man mich den Spatz, weil ich nie richtig gehen konnte, immer nur hüpfte wie ein Spatz - meine Blicke wurden stumpf; so hatte ich mir mein weiteres Leben nicht vorgestellt. Die Liebe wurde nicht ausgelebt. Sollte das alles gewesen sein?
Ein kalter Herbstwind wehte, als ich das Haus meines Mannes und seines Clans, verließ. Denn Kerem war plötzlich nie mehr da. Nur die Nächte - in denen er ohnehin, erschöpft von der Arbeit, zu nichts mehr fähig dalag - reichten mir nicht. Je mehr das Verlangen nach ihm wuchs, desto stärker mußte ich es unterdrücken. Das Schlimmste war, nicht sagen zu dürfen, daß ich von Herzen alle verfluchte. Die drei Eulen - meine älteren Schwägerinnen - riefen unentwegt:
»Alaz, hast du das Vieh versorgt?«

»Alaz, hast du Wasser geholt?
»Alaz, hast du das Brot gebacken?
»Alaz, hast du dies...?«
»Alaz, hast du jenes...?«
»Alaz?«
Ja, ich fühlte mich im Recht. Es war eben schwer, mich zu bändigen. Als ich, nur meine nötigsten Kleider bei mir, mit gesenktem Kopf vor meinem Elternhaus erschien, blieb Miriam fast das Herz stehen. Nachdem ich meinen Zorn an ihr ausgelassen hatte, - sie stand die ganze Zeit stumm da - beruhigte sie mich auf ihre Art, so daß ich wieder dahinschmolz. Ich erzählte ihr daraufhin ehrlich, daß ich - schon als ich das Haus verließ - genau wußte, daß Kerem mich holen würde, sobald er meine Flucht bemerkte. Ich war wütend, aber nicht nur das: Ich wollte dem ganzen Clan eins auswischen, zeigen, daß ich nicht wie ein Dienstmädchen zu benutzen war. Dazu hatte ich allen Grund, denn ich war das einzige, teure Kind meiner Familie, verwöhnt wohl, aber eben etwas Besonderes.
Miriam bestärkte mich in meiner Entscheidung und meinte »Ja nicht schwach werden, Mädchen; wenn du dich teuer verkaufen willst, dann richtig.« Der Clan zog tagein, tagaus unter Reuebeteuerungen und mit neuen Versprechen zu uns. »Nein«, war unsere Antwort. Unsere Bedingung war, getrennt von der Familie zu wohnen. Schließlich fanden wir einen Mittelweg, bis zum Frühjahr nämlich sollten wir noch bei der Familie wohnen, sobald es etwas wärmer würde, wollten sie uns ein eigenes Hüttchen mit separatem Eingang bauen, dann könnten wir schalten und walten, wie wir wollten.
Der Winter ging vorüber, und in diesem einen Winter habe ich mindestens noch dreimal das Haus der Schwiegereltern verlassen. Heute, fast 25 Jahre später, fasse ich mich an den Kopf und frage mich, woher ich diese Frechheit hatte und mit

welchem Grund überhaupt. Denn es wäre selbstverständlich gewesen, als Jüngste, Angeheiratete in einer renommierten Familie zu allem »ja und amen« zu sagen. Es war auch nur deswegen möglich, weil ich zum einen Kerem eigentlich im Griff hatte und er seiner Familie zu verstehen gab, daß er bei den Auseinandersetzungen schon hinter mir stand, und weil ich zum anderen von meiner Familie nichts zu fürchten hatte. Ich konnte jederzeit kommen und solange bleiben, wie ich wollte.

Inzwischen wurden meine Ausbrüche mir selbst am lästigsten, aber ich war eben kindisch. Man klatschte nun offen über uns, die älteren Frauen des Dorfes gaben mir gute Ratschläge, zu meinem Besten, versteht sich. Plötzlich kümmerte sich das ganze Dorf nur noch um unsere Angelegenheiten. Der Zustand war für alle Beteiligten unerträglich geworden, ich war hin- und hergerissen zwischen meinem Dickkopf und der Angst, daß mir eines Tages alle Türen versperrt bleiben würden. Der Zufall wollte es, ich wurde krank. Als ich feststellte, daß ich ein Kind erwartete und zugleich starke Blutungen hatte, wurde Kerems Mutter benachrichtigt. Kerem und die Frauen seiner Familie standen im Nu um mein Bett. - Ich mimte die Schwerkranke, während Miriam mir mal heiße, mal kalte Umschläge um den Bauch machte und mir Kamillentee einflößte. Innerlich freute ich mich und mußte mich sehr am Riemen reißen, um nicht in großes Gelächter auszubrechen. Nun war die Frage, was tun. Alle Erwägungen, jemand Erfahrenen aus dem Dorf zu holen, wurden von Miriam strikt abgelehnt. Einen Arzt aus der Stadt zu rufen, würde wahrscheinlich Tage dauern, mit einem Dolmuş in die Stadt zu fahren auf den holprigen Straßen, könnte unter Umständen die Blutungen verstärken. Nur eine Möglichkeit bestand, nämlich mich mit dem Taxi in die Stadt zu einem Privatarzt zu bringen. Nun? Meine Augen strahlten, mein Triumph war unübersehbar. Kerems Vater nahm den nächsten Dolmuş in die Stadt und kam zwei Stunden später mit einem Taxi zurück. Alle Bitten und gut gemeinten Vorschläge der Schwiegermama, doch wenigstens eine der Frauen der Familie dabei zu haben, lehnten wir dankend ab. Als wir, Kerem und ich, die Grenzen des Dorfes hinter uns hatten, zog Kerem erst leise mein Kopftuch herunter, und dann schmiedeten wir Pläne, wie wir die wenigen Tage in Ankara gestalten würden. Meine Brust bebte vor Aufregung, vor Freude hatte ich völlig vergessen, daß ich ja wegen meiner Krankheit, die keine war, das alles veranstaltet hatte. Wie sollte ich es Kerem erklären: Zumindest mußte ich den Arztbesuch in Kauf nehmen, aber wie sollte ich mich vor einem fremden Mann ausziehen? Doch es war alles halb so schlimm. Ich war weder schwanger, noch hatte ich ungewöhnliche Blutungen, es waren nur meine Tage. Nach der Untersuchung ließ Kerem ein lautes Lachen los, er konnte sich kaum beruhigen. Er hatte das ganze Theater ohnehin nicht geglaubt. Froh verließen wir die Arztpraxis auf Nimmerwiedersehen.

Nach langem Suchen und Aussuchen war ich gegen Abend wie eine der Puppen aus den Schaufenstern gekleidet, dazu wurden beim Friseur meine Haare zurecht gemacht. Noch nie war ich in dieser Stadt gewesen, mein Staunen demgemäß groß: Ich blieb überall stehen und bewunderte fassungslos, was ich sah. Kerem zog mich wie einen verwirrten Esel, ich hielt seine Hand ganz fest in der Menschenmenge. Wenn wir an den Ampeln eine Straße überqueren mußten, liefen jedesmal solche Massen wie auf Knopfdruck los, daß einer wie mir angst und bange wurde. »Woher kommen bloß so viele Menschen?« fragte ich mich. Es gab viel, so viel, so viel Neues für mich.

Kerem kannte diese Riesenstadt wie seine Westentasche, er hatte ja hier die Zeit seines Militärdienstes nicht umsonst verbracht. Allerlei hatte er hier gesehen und dazugelernt.

Dann stiegen wir auf den Berg Anıttepe, um das Mausoleum von Atatürk zu sehen. Hier hatte Kerem bei Regen und Schnee ein ganzes Jahr gestanden, Wache gehalten vor dem Grabe des großen Mannes, der unser Land vor den Feinden gerettet hatte. An den großen Masten wehten zahlreiche rote Fahnen, Menschen strömten ein und aus, bärtige, kurzhosige, langhaarige Touristen bewunderten und fotografierten das Gebäude aus allen Himmelsrichtungen. Ich erkannte Kerem in seinem Stolz und seiner Euphorie nicht wieder. Wie glücklich schätze er sich, daß er in seinem Regiment als einziger - da er gute Manieren hatte, dazu auffällig gut gebaut war - dafür auserwählt worden war, hier Wache zu halten: Ich müßte froh sein, die Frau eines ehemaligen Soldaten zu sein, der an diesem so wichtigen Ort eine so außerordentliche Aufgabe erfüllt hatte. Man mag es nicht glauben, aber ich war stolz auf meinen Helden, nur an den Füßen hatten sich in meinen neuen Schuhen Blasen gebildet, ich hinkte schon die ganze Zeit in zu hohen Schuhen, doch wollte ich alles in mich hineinsaugen, was ich sah. Mich verfolgte der Gedanke überall: »Was du erlebst, erlebst du nur heute, also reiß dich zusammen, Alaz! »
Als schon längst die Lichter dieser riesigen Stadt ausgegangen waren, machten wir uns auf den Weg nach Mamak, einem der Vororte, zu unseren Bekannten. Elvan und Kemal und ihre vier Kinder waren schon vor einiger Zeit nach Ankara gezogen und seitdem nie mehr im Dorf gewesen. Es gab so viel zu erzählen. Mein Bedürfnis, möglichst viel über ihr Leben in der Stadt zu erfahren, war nicht geringer als das ihre, vom Dorf und den Menschen dort zu hören. - Ich sollte schon kurze Zeit später am eigenen Leibe erfahren, was es heißt, aus dem Heimatdorf Besuche zu bekommen, was es bedeutet, der Heimat fern, in einer Stadt, die einem Faß ohne Boden gleicht, mutterseelenallein dazusitzen. Man ist bereit, vieles herzugeben für eine einzige Nachricht, auch wenn die

Fragen nicht den winzigen Kern einer Feige füllen würden. Ich hätte noch lange schlafen können, wenn die Kinder nicht bereits im Morgengrauen über unsere Betten getrampelt wären, um sich für die Schule fertigzumachen. Kemal war schon vor den Kindern über alle Berge mit seinem Schiebekarren, beladen mit allerlei Plastik und Kitsch. Mal sammelte er und tauschte alte Kleider in den Gebieten der Neureichen gegen Plastikwannen, mal verkaufte er Obst und Gemüse. Was ihm am Abend als Gewinn übrigblieb, war dürftig und reichte gerade für den nächsten Tag, und das knapp, erzählten sie. Elvan hatte ihren freien Tag. Dreimal in der Woche ging sie in drei verschiedenen Haushalten putzen. Würde sie nicht dazuverdienen, so würden die Schulden immer mehr wachsen. Sie klagte über die schweren Lebensumstände, sie klagte über das teure Pflaster Ankara. Dennoch würde sie nie mehr ins Dorf zurückgehen wollen. Während sie bald mit trauriger, bald mit schicksalsergebener Stimme erzählte, dachte ich an mich selbst; konnte ich, würden wir auch...?
Diese für mich und Kerem bis dahin noch nicht formulierte Frage wurde für uns in den folgenden Tagen zu einer ernsthaften Erwägung. Seltsamerweise, je abstoßendere Dinge ich in dieser Stadt erfuhr, desto reizvoller wurde der Gedanke hierzubleiben.
Der Tag der Rückkehr ins Dorf näherte sich, meine Unruhe wuchs, ich hatte im Rummel der Riesenstadt völlig vergessen, daß dies auch ein Ende hatte. Wir konnten doch nicht einfach dort bleiben. Und warum eigentlich nicht, dachte ich auch. Die wenigen persönlichen Sachen, die wir besaßen, könnte man uns nachschicken, oder nicht? Solch eine Hirnverbranntheit! Kerem war wie immer der Klügere von uns beiden, er plädierte dafür, erstmal ins Dorf zurückzufahren und uns dann alles noch einmal durch den Kopf gehen zu lassen. Elvan beruhigte mich, daß diese Stadt mir nicht weglaufen würde, sie wüchse Tag für Tag. Noch unendliche

Ströme von Menschen würde diese Stadt - wie ich später selbst erleben sollte - aus allen Teilen des Landes wie ein Magnet an sich ziehen.
Zu dem Zeitpunkt, als wir kamen, war unsere Seite des Hügels noch fast unbewohnt. Zusehends füllten sich die Hügel der Umgebung mit Notquartieren, bei denen außer einem Dach und vier Wänden nichts vorhanden war. Menschen kamen mit Hoffnungen in ihren Herzen, die sich alle an einen Gedanken knüpften: ein menschliches Leben, eine bessere Zukunft für unsere Kinder.
Wir hatten zwar noch keine Kinder, aber mir ging es damals auch um ähnliche Träume. Kerem und ich waren jung, wir hatten ein ganzes Leben vor uns. Warum sollten wir im Dorf alt werden. In den Dörfern führten die Menschen ein sehr hartes Leben, dort war es die Natur, waren es die Wetterverhältnisse, die über unser Leben bestimmten. Wenn das Wetter nicht mitmachte, waren wir machtlos gegen Hungerkatastrophen, gegen Erdbeben und Dürre. Machtlos waren wir auch gegen die wachsende Menschenzahl; es kamen immer mehr Kinder auf die Welt, auch wenn viele starben, blieben so viele am Leben, daß Mütter kummervoll in die Zukunft ihrer Kinder schauten. Was hatten die Frauen nicht alles erfunden, um eine Schwangerschaft zu umgehen. Doch selten glückten die Versuche. Heutzutage sind die Frauen einfach aufgeweckter als damals. Zum einen setzen sie sich bei ihren Männern leichter durch, zum anderen gibt es inzwischen eine ganze Menge Mittel, und man braucht sich nicht mehr den Kopf zu zerbrechen.
So mußten immer Teile der Dorfbevölkerung zwangsläufig in die Großstädte auswandern, denn Familien, die wenig Grund und Boden zu bebauen hatten, mußten zusätzlich verdienen, vorausgesetzt, sie fanden eine Arbeit in den Feldern der Großgrundbesitzer oder sie gingen saisonweise weit weg in die Baumwollplantagen als Tagelöhner und

wohnten dort während der Erntezeit in den feuchten Baracken. Der Verdienst von drei Monaten mußte für den ganzen Winter reichen. Menschenhändler kamen jedes Jahr vor der Baumwollernte, seit Generationen zur selben Zeit, suchten kräftige, tüchtige junge Frauen und Männer aus und machten den Preis. Meistens wurde er zwischen dem Vertreter des Großbauern und dem Muhtar, dem Gemeindevorsteher, ausgehandelt - die Liste der Arbeiter wurde vom Muhtar aufgestellt. Es war ein Privileg, überhaupt auf die Liste zu kommen, dazu mußte man dem Muhtar allerlei Gefälligkeiten erweisen, man war auf niedrigste Art erpreßbar, denn unsere Menschen waren auf diese Arbeit, diesen Verdienst angewiesen. Das wußte der Muhtar, das wußte er auch gut auszunutzen. Für ihn war dies ein doppeltes Geschäft. Um die Löhne möglichst niedrig zu halten, wurden ihm von seinen Herren alle denkbaren Vorteile eingeräumt.

Die Frauen waren am schlimmsten betroffen. Welche Demütigung für einen Menschen, für eine Frau, unter der Peitsche eines Sklaventreibers schuften zu müssen und nie gut genug zu sein! Viele Frauen verließen ihre Dörfer, um weit weg Erntearbeit zu machen. Manche nahmen ihre Säuglinge mit, damit sie sie bei sich hatten und in den Pausen stillen konnten. Am leichtesten war es, die Löhne der Schwangeren oder der Frauen, die kleine Babys hatten, niedrig zu halten. Diese Frauen verloren ihre Jugend, ihre Schönheit in den Tee-, Haselnuß-, Baumwollplantagen und in den Tabakfeldern.

Dann kam die Zeit der Landmaschinen. Nach und nach zogen gelbe, blaue, rote Traktoren, Bewässerungsanlagen und Pflückmaschinen in das Land. Die Menschen, die ohnehin mit der vorhandenen Arbeit, aber vor allem mit den Löhnen gerade die größte Not abwehren konnten, waren machtlos gegen die Maschinen. In ihrer Ohnmacht packte sie der Zorn, und sie zerstörten diese Teufel, die da unter der Sonne, nagelneu, spöttisch glitzerten. Vor allem Frauen und Kinder fuhren mit Schlagstöcken oder mit Steinen bewaffnet auf die Teufel los, die gekommen waren, die letzten Hoffnungen auf ihre Existenzgrundlage, eine Arbeit, zu zerstören. Immer mehr Bauern besetzten Boden und Felder, auch wenn es nur für ein paar Stunden war. Menschen triumphierten, als hätte sich ihr Zorn in eine unbesiegbare, geheime Kraft umgewandelt. Massenhaft wurden sie festgenommen, Frauen und Kinder von den Gendarmen mit Gummiknüppeln in die Jeeps getrieben und in die nächstgelegene Großstadt abtransportiert. Aus der Machtlosigkeit entstand eine Kraft, die zunächst den Mächtigen eine Lektion verpaßte. Am Ende standen jedoch wieder die Mächtigen unbeschadet da, und vielleicht hatten diese Aktionen der Bauern dazu geführt, daß sie auf noch massivere Weise ausgebeutet und unterdrückt wurden. Denn es hieß danach immer: »Seid ihr nicht gehorsam, dann passiert es wieder und immer wieder.« Und trotzdem erhoben sich Bauern hier und da, - jene Nachrichten erreichen uns von Mund zu Mund.

Nach diesen Ereignissen erschien es vielen Bauern zwecklos, gegen die Macht der Herrschenden anzugehen, so verließen sie nach und nach ihre kleinen Felder, die natürlich dann zu Spottpreisen in die Hände der Wucherer und Großgrundbesitzer fielen. Die Armen zogen in die Städte, von Hoffnungen beseelt, die Reichen übernahmen Ländereien, ganze Herden und wurden reicher und reicher. Etwa in denselben Jahren beschleunigte sich zugleich die Auswanderung ins Ausland, aber nur wenige wagten sofort den Sprung vom Dorf in die Fremde. In den Dörfern blieben nur die Alten und Kranken oder Frauen, deren Männer schon seit Jahren in der Stadt arbeiteten und es nicht schafften, ihre Familien nachziehen zu lassen. Diese Männer ließen sich ein paarmal im Jahr im Dorfe sehen. Ihre Kinder wuchsen ohne Väter heran, die Frauen verloren ihre Jugend und unterdrückten ihre Sehnsüchte. Die Jüngeren unter uns waren aber nicht mehr bereit, ihre Männer allein in die Städte zu schicken; sie wollten nicht schon in der Blüte ihrer Jugend wie verwitwet dasitzen. Denn es war in der Tat so, als würden die Männer lediglich ins Dorf kommen, um Kinder zu zeugen. Dann mußten die Frauen zusehen, wie sie die Kinder großkriegten. Das Geld, das die Männer aus der Stadt schickten, reichte nur für das Allernötigste. Und dann wurden da allerlei Gerüchte verbreitet, daß die Männer in der Stadt andere Frauen nähmen. Das war meine größte Angst. Mein Kerem war stattlich gebaut, ein schöner Bursche. Da hätte doch jede Stadtfrau von so einem jungen, kräftigen, wilden Kerl geträumt. Man erzählte, daß die Frauen in der Stadt es mit Moral nicht so genau nähmen, sogar viele Ehefrauen dort würden es selbst mit Handwerkern im Hause, mit dem Postboten, mit Männern, die sie soeben im Bus getroffen hatten, treiben. Wenn man solche Sachen erzählte und ich mir vorstellen mußte, meinen Helden zur Arbeit in die Stadt zu schicken und ihn mit einer anderen Frau... lief es mir kalt über den Rücken.

Ja, warum im Dorf alt werden? Nachdem wir von der abenteuerlichen Reise zurückgekehrt waren und die Tage mit Erzählungen unserer Eindrücke in der Stadt vergingen und die Geschichten sich erschöpften, wurde unser Alltag, wie er immer gewesen war. Die Pläne gerieten fast in Vergessenheit. Kerem hatte all seine in der Euphorie gegebenen Versprechen vergessen, und jedesmal, wenn ich das Wort auf unsere Traumpläne brachte, fand er irgendeinen wenig handfesten Vorwand. Ich dagegen wurde zunehmend rasend und ließ ihm einfach keine Ruhe, bis er mir endlich versprach, den Sachverhalt - so drückte er sich aus - der Familie zu unterbreiten. Die Idee wurde, wie ich mir gedacht hatte, von seiner Familie sehr befremdlich gefunden: »Aber doch nicht jemand aus unserer Familie...« Der Clan hatte einen guten Ruf, unser Vorhaben würde dem Ruf der Familie ihrer Meinung nach schaden: »Der Sohn des Şatıroğlu-

Clans wandert doch nicht aus, um in der Stadt zu arbeiten! Was wird man über uns reden. Man wird erzählen, daß wir die Schwiegertochter nicht zufriedenstellen konnten, daß etwas fehlt in unserem Hause; selbst Vogelmilch und Honig fließen in unserem Hause in Unmengen.« In der Tat war meine Schwiegerfamilie eine der wohlhabendsten im Dorf; obgleich sie weder Felder hatten noch eine Horde von Menschen beschäftigten, ging es ihnen gut. Woher das alles kam, weiß ich nicht. »Liebes Töchterchen,« versuchte Schwiegermutter mir mit Sanftmut einzureden, »haben wir dir nicht eine beispiellose Hochzeit gemacht, fehlt etwas in deiner Wohnung, haben wir dich nackt und verhungert auf die Straße gesetzt, was fehlt dir, was du nicht hast, sag? Wenn es sein muß, lassen wir es aus China kommen, aber schlag dir Idee die aus dem Kopf, in die Stadt auszuwandern. Außerdem hört man allerlei Schlimmes über die Frauen und Mädchen, die ausgewandert sind, sie sollen halbe Prostituierte geworden sein. Was heißt das, in fremden Haushalten putzen zu gehen? Wenn der Mann des Hauses dich in seiner eigenen Wohnung in die Ecke drängt und macht, was er will, was kannst du dagegen tun? Nichts! So soll es vielen Frauen passieren. Hast du nicht selbst gehört, daß die Nuriye, die Frau von Hacıbekir, im Krankenhaus in der Wäschekammer von einem Krankenpfleger mitten in der Arbeit vergewaltigt worden sein soll? Und dann die Tochter des Halits, sie ist schon seit einem Jahr verschwunden, einfach verschwunden, man vermutet, daß sie in einem Puff gelandet ist; hatte sie nicht schon immer solche Manieren? Was sind das für Zeiten, es gibt keine Gottesfurcht mehr unter den Menschen, und die Gecekondus sind einzigartige Schand- und Sündennester. Und du willst...?«
Ich sagte keinen Ton, denn das, was man mir unter die Nase rieb, klang wahrhaftig, und ich hatte keine Gegenargumente. Aber dennoch, ich wollte nicht aufgeben. Doch mein

zielgerichteter Kampf sollte nicht zu dem Zeitpunkt, sondern erst Jahre später Erfolg haben. Man darf eben nichts überstürzen, alles muß erst ausreifen. Es kam die Zeit, wo der Zug der Menschen in die Städte nicht mehr aufzuhalten war. Der Mensch findet sich mit vielem ab, wenn ihn die Hoffnung leitet. So standen wir irgendwann mit unseren wenigen Habseligkeiten bereit zum Auswandern. Ja, was waren das für Sachen? Ein Kelim, ein Bodenbett, ein paar Geschirrstücke und Wäsche; etwas Geld bekamen wir vom Schwiegervater für den Bau des Gecekondus, einen Vorrat an Nahrungsmitteln. Die Schwiegermama versprach uns, sobald jemand aus dem Dorf nach Ankara führe, Nachschub an Mehl und Weizen zu schicken.
An einem Dienstag - dieser Wochentag ist für solche Unternehmungen nicht glückbringend, sagte Mutter, am Dienstag trifft man keine Entscheidungen; sie verlegte alle wichtigen Sachen auf die anderen Wochentage - an diesem Dienstag also standen wir unter herbstblauem Himmel vor der Türe von Kemal und Elvan. Unvermittelt packte mich ein Unbehagen: »So plötzlich, so mutterseelenallein in dieser fremden Stadt«, dachte ich, aber es sollte und durfte kein Zurück mehr geben, wir wollten uns doch nicht vor der Dorfgemeinde blamieren. Außerdem gab es jetzt einen viel wichtigeren Grund, unsere Flucht aus dem Dorfe zu legitimieren: Ich war unfruchtbar! Nach sieben Jahren Ehe hatte ich noch immer kein Anzeichen einer Schwangerschaft. Damit aber war meine Existenz verbunden. Nach all den Jahren medizinischer und religiöser Bemühungen der Schwiegereltern und der Familie, begann meine Lage kritisch zu werden. Noch war keine Rede von einer anderen Frau, die man Kerem andrehen könnte, aber mich fraß die Unruhe. Die Familie wußte meine Unfruchtbarkeit gut auszunutzen. So wurde es mir bei jeder Gelegenheit vorgehalten. Um ihnen solche Gelegenheiten nicht zu geben und die schlimmsten Demüti-

gungen zu vermeiden, ließ ich mir von niemandem mehr Arbeitsanweisungen erteilen. Schon bevor man mir sagte: »Tue dies oder jenes«, war die Arbeit längst getan. Gott sei Dank hat mir in all diesen schmerzvollen Jahren Kerem im Bett nie seinen Rücken zugedreht. So war mit der Flucht in die Stadt für mich noch die Hoffnung verknüpft, die gesegnete Hand eines Arztes könne meiner Unfruchtbarkeit abhelfen. Das sei in manchen Fällen sogar durch eine Operation möglich geworden, hatten wir gehört. Ein Kind, eine Bude, eine Arbeit für Kerem, das war alles, was wir wünschten und erhofften, aber noch war nichts in Aussicht.

Es waren schon Wochen vergangen in der Enge der Wohnung bei Elvan und Kemal. Die beiden hatten uns geraten, erst für Kerem eine Arbeit zu finden und danach mit dem Bau des Gecekondus anzufangen, denn wenn das Geld für das Baumaterial nicht ausreiche und der Bau nicht über Nacht fertig werde, wäre die Gefahr groß, daß es am nächsten Morgen von Bulldozern abgerissen würde. Die Regierung kenne da kein Pardon. Kerem hatte nach einem Vierteljahr immer noch keine feste Arbeit. Es stand auch keine in Aussicht; er hatte hier und da ein paar Gelegenheitsarbeiten gemacht, Lastwagen ausladen geholfen, aber damit verdiente er nur ein Trinkgeld. Tagein, tagaus ging er bei Sonnenaufgang mit Kemal aus dem Haus und klapperte alle Türen ab, abends kam er mit gesenktem Haupt und erschöpft, resigniert heim: Wieder nichts. Seine Resignation wurde zu Hoffnungslosigkeit und die Hoffnungslosigkeit zu Zorn; diesen lud er bei mir ab, wenn wir nachts im Bett allein lagen. Manche Nacht schimpfte er stundenlang mit mir im Flüsterton. Später nahm er auch nicht mehr die Hand vor den Mund, und vor wildfremden Leuten beschuldigte er mich der Undankbarkeit und Ungenügsamkeit, die die Ursachen unserer Auswanderung und unseres jetzigen Elends seien. Ich sagte

schon lange keinen Ton mehr, um seine Wut nicht noch mehr zu provozieren. Hätte ich es wissen können?
In dem Zwiespalt, ins Dorf zurückzukehren oder uns in der Stadt durchzukämpfen, schlug ich Kerem vor, mir mit Hilfe von Elvan eine Arbeit zu suchen. Und dieser von mir gut gemeinte Vorschlag gab ihm den letzten Rest. Er fing an, mir Fragen zu stellen, ob ich auf den Strich zu gehen beabsichtigte. Elvan hörte sich alles ruhig mit an, sie reagierte nicht. Kerem hatte in seiner Wut vergessen, daß sie ja seit Jahren arbeitete und sich von seinen Beschuldigungen direkt angesprochen fühlen mußte. Als Elvan in ihrer stillen Art zu schluchzen begann, begriff er, was er getan hatte, er entschuldigte sich nicht, er verließ das Haus und blieb auch über Nacht weg. Kemal suchte ihn den ganzen Tag, konnte ihn nirgends finden. In Verzweiflung und Tränen verging für mich die Nacht. Erst gegen Abend des nächsten Tages kam er übernächtigt und ausgehungert heim. Die Nacht hatte er mit anderen Männern in einem Notquartier verbracht, mit hundert Betten in einem Obdachlosenlager. Er hätte die ganze Nacht kein Auge zugetan. Da seien auch fast alle Männer aus den fern und nah liegenden Dörfern, die tagsüber arbeiteten und nachts dort billig unterkamen. Ratten huschten unter den Betten, die obendrein total verlaust seien. Er hätte dort die Männer ausgefragt, wie man Arbeit finden könne und wo diese Leute arbeiteten. Sie wären fast alle Gelegenheitsarbeiter, was gerade anfiele, täten sie. Wer regelmäßige Arbeit hätte, würde schon längst sein eigenes Gecekondu gebaut haben und hätte es nicht nötig, dieses Elend! Diese Unterkunft war zugleich die Anlaufstelle für Neuankömmlinge. Was für Schicksalen sei er dort begegnet! Es sei kaum beschreiblich.
In seiner Stimme war nicht mehr der vorwurfsvolle Ton; das gab mir Anlaß zu hoffen. Vielleicht eine Aussicht? Mir blieb nur noch das Beten, daß er möglichst schnell etwas bekäme.

Unser Geld fürs Haus wurde nach und nach verbraucht; wenn wir nicht ins Dorf zurückgehen wollten, sollten wir wenigstens das Baumaterial langsam anzuschaffen versuchen. Die Tage begannen auch merklich kühler zu werden. Wenn, dann mußte noch bevor die Regenzeit begann gebaut werden, und noch bevor die Sonne ihre Kraft verlor, sonst würde die Baracke nicht mehr trocknen. Es war ohnehin eine Zumutung für die ganze Familie in ihrer Enge, uns auch noch zu beherbergen, wir mußten raus. Doch Elvan und Kemal wußten zu gut, wie es einem geht, wenn man kein eigenes Dach über dem Kopf hat. Auch sie hatten zuerst wochenlang bei Bekannten gewohnt, bis ihr Häuschen einigermaßen dastand. Es war Gecekondutradition, Neuankömmlinge zu beherbergen und alles, was man hatte, mit ihnen zu teilen. Man tat Kräfte und Mut zusammen, um ihnen - soweit es ging - den schweren Anfang etwas zu erleichtern. So zog eine Familie die andere nach. Ganze Hügel wurden von Leuten aus dem gleichen oder benachbarten Dörfern bevölkert. Das war auch gut so. Man war unter Vertrauten. Wie im Dorf. So war es etwas leichter, das Elend zu bewältigen. Später, als wir mit Leuten aus anderen Gecekondugebieten in Kontakt kamen, stellten wir fest, daß ganze Straßenzüge und Nachbarschaften nach den Herkunftsorten der Einwanderer benannt waren, wie beispielsweise der Hügel der Yozgat-Auswanderer oder die Straße der Kırşehir-Auswanderer. Nur die Kinder entfernen sich mehr und mehr von den mitgebrachten Traditionen. Sie eignen sich ein Gecekondugehabe an, das weder dörflich noch städtisch ist, also weder Fisch noch Fleisch. Sie möchten gerne städtisch sein und ahmen nach, was sie sehen. Was nützt es? Ihre Wurzeln sind in den Bergen Anatoliens. Auch uns fiel es schwer, unser Leben dem Alltag der Städter anzugleichen. Sie leben in ihrer Welt und wir in unserer. Ein Außenstehender würde nicht glauben, daß auch Kayaş ein Stadtteil von Ankara ist, der Hauptstadt der Türkei; die meisten der einheimischen Stadtbewohner haben keine Ahnung, was für ein Leben wir in den Gecekondus führen. Die Namen dieser Orte kennen sie höchstens von den Schildern der Stadtbusse, die täglich die Massen aus den Gecekondugebieten und wieder zurück transportieren. Aber wir sind die tragende Kraft der Städte. Wir räumen den Dreck von den Straßen, aus den Krankenhäusern und den Behörden; wir sind diejenigen, die die Hochhäuser in Glanz halten, weil die feinen Damen sich selbst für die leichtesten Arbeiten zu fein sind.

Eine Hand wäscht die andere. Unter diesem Motto begannen wir an einem Morgen mit der Arbeit. In unmittelbarer Nähe, auf der Hügelspitze, stand Kerem auf einem Fleckchen Felsen, mit gespreizten Beinen wie der Eroberer einer Burg - ein unvergeßlicher Anblick - und zeigte mit einem Stock - gleich Kemal Pascha nach einer gewonnenen Feldschlacht - die Grenzen unseres künftigen Heims. Es gibt einen Basar in Bentderesi, in dem nur restliche Baumaterialien angeboten werden, Dort besorgten auch wir unser Baumaterial, alle »Gecekondubauherren« kaufen dort das Notwendige, denn da die Sachen zum Teil gebraucht sind, von alten abgerissenen Häusern oder den Resten anderer Baustellen stammen, kann man sie zu einigermaßen erschwinglichen Preisen bekommen. Als die Männer noch am selben Nachmittag das notwendige Baumaterial anfuhren, standen schon ein paar Wucherer an unserem Bauflecken und meinten, dieser Platz sei schon von jemand anderem eingenommen worden.

Kemal kannte die Tricks. Er ließ sie gar nicht lange reden und bot Bestechungsgelder an. Nachdem sie sich über die Höhe des Betrages geeinigt und sie das Geld an Ort und Stelle kassiert hatten, zogen sie mit Glückwünschen ab. Es war offenbar üblich für diese Kerle, die weder auf das Grundstück irgendein Anrecht, noch eine andere Funktion hatten, durch Erpressung anderen in die Quere zu kommen. Hier herrschten eigene Gesetze, Kemal klärte uns darüber auf: Hätten wir sie nicht bestochen, würden wir uns nirgends niederlassen können. Unter Garantie hätte diese Mafia die Polizei benachrichtigt, die dann in aller Frühe mit ihren Zerstörungskommandos das über Nacht gebaute Haus im Nu der Erde gleich gemacht hätten. »Die Polizei findet immer einen Grund zum Abreißen, wenn es ihr nicht paßt«, sagte er. Wenn die Gendarmen gekommen wären, hätten wir sie unter Umständen mit noch höheren Beträgen zufriedenstellen, oder in Kauf nehmen müssen, daß es ohne Erbarmen abgerissen wird, und dann wäre das Geld und all die Mühe für die Katz gewesen.

»Hier die zwei Zimmer, dort zwischen den beiden die Diele, rechts und links des Eingangs sollte etwas Platz frei bleiben, für ein paar Pflanzen, vielleicht sogar einen Pfirsichbaum, er könnte mit dem Kind zusammen wachsen...« - Kind? Noch immer gab es kein Anzeichen. - »Die Fenster zum Süden hin, damit viel Sonne hereinkommt, das Klo vorerst draußen, ein Loch und zwei Bretter drauf tun's auch, vorerst... Zuallererst die vier Wände und das Dach, damit wir der Abrißgefahr entgehen. Los, Kinder!« Vor Anbruch der Dunkelheit starteten wir die Aktion. Alle miteinander, samt den Kindern, schufteten wir; außerdem hatte Kemal einen Maurermeister bestellt, für alle Fälle. Die Arbeitseinteilung war vorher perfekt geplant, da keine Hand auch nur einen Augenblick untätig bleiben, keine einzige Minute verplempert werden durfte, wenn das Haus mit Anbruch des Morgens fertig stehen sollte. Der Maurermeister gab Anweisungen, die Männer hoben den Grund aus, die Kinder mischten Sand und Beton, wir Frauen trugen Wasser und stapelten die Ziegelsteine und die Bretter. Hammer, Nägel, Fenster und Türrahmen, alles lag in greifbarer Nähe. Mit einem Verlängerungskabel hatte Kemal aus seinem Haus das Licht besorgt.

Zu jener Stunde entstanden Hunderte Gecekondus in anderen Stadtteilen von Ankara, in Mamak, Tuzluçayır, Çinçinbağları, Bentderesi, Türközü, Topraklık, Abidinpaşa, Keçiören, Altındağ und so weiter. Tausende Menschen bauten wie ein Atem voll Hoffnung ihre Häuser, freuten sich wie die Kinder, am nächsten Morgen ein Dach über dem Kopf zu haben, aber im wahrsten Sinne des Wortes lediglich ein Dach. Denn das war das Allerwichtigste: Wenn das Gerüst erst stand, durfte es keiner mehr abreißen. Und doch war es keine Seltenheit, daß ganze Straßenzüge trotz des vereinten Widerstandes abgerissen wurden. Menschen wurden gezwungen, die Häuser zu räumen, »da in dem Baugebiet die nötige Infrastruktur fehlt«. Es wurden auch welche abgerissen, noch bevor sie ausgeräumt waren, weil die Familien sich nicht bereit zeigten, ihre Häuser zu verlassen. Keine Bitten, keine Tränen halfen.

Es ging alles glatter, als wir dachten. Vor allem die Kinder von Elvan und Kemal zeigten ein ungewöhnliches Durchhaltevermögen. »Beißt die Zähne zusammen, meine Lämmer, morgen ist Sonntag, ihr habt ja keine Schule, ihr könnt den ganzen Tag schlafen, wenn das Haus fertig ist, morgen koche ich euch eine Schüssel voll Helva.« Elvans Einsatz bei dem ganzen Unternehmen war unbezahlbar, so als wäre dies ihr eigenes Heim. Ununterbrochen brachte sie Tee und Gebäck, Gözleme, damit die Mannschaft wach und bei Kräften blieb. Sie ermunterte uns und nahm bald den Hammer, bald die Maurerkelle, um die Männer in ihren Verschnaufpausen zu ersetzen, stieg mal auf das Dach oder ging in den Grund, um zu sehen, ob denn alles auch fachgerecht gemacht wurde. Sie hatte allerlei Erfahrungen gesammelt beim Bau ihres eigenen Heimes und anderer Gecekondubauten in der Nachbarschaft. Kemal wußte sie zu schätzen. »So eine Frau ist Gold wert in diesem Elend«, sagte er; in aller Öffentlichkeit scheute er sich nicht, seine tiefste Verbundenheit und Liebe zu ihr zu

zeigen. »Meine Gazelle, mein geduldiges Täubchen, mein tapferes Rebhuhn, wenn du nicht wärst...«
Zwischen Kerem und mir spielten sich solche zärtlichen Gefühlsszenen ausschließlich in unserem Schlafzimmer ab. Im Dorf war es nicht einmal möglich gewesen, in Anwesenheit von anderen einander in die Augen zu schauen. So gab es Zärtlichkeit für uns nur nachts, wenn alle im Haus sich zurückzogen. Eine Katastrophe, eine Hölle war es, als Kerem mich einmal am hellichten Tag suchte, extra von den Feldern rannte und mich völlig ausgehungert in den Stall zerrte: »Ich konnte die Nacht nicht abwarten«, sagte er, »so hat dein Duft meinen Kopf verdreht«. Ich wußte nicht, wie mir geschah. Mitten in der Arbeit? Und die anderen? Es war niemand in der Nähe zu sehen, sie hielten wahrscheinlich alle irgendwo in einer kühlen Ecke oder unter dem Schatten eines Baumes Mittagsschlaf, denn die Mittagssonne glühte über unseren Köpfen. Ich dachte, Kerem wäre die Hitze zu Kopf gestiegen. Sein Gesicht war rotblau, seine Augen völlig verdreht, mir klopfte das Herz vor Angst, die Kehle war ausgetrocknet. Außer Atem zogen wir uns im Stall zwischen Heu und Misthaufen aus. Unseretwegen hätten die Erde und der Himmel in Flammen aufgehen können, uns hätte nichts auseinanderbringen können. Aber so manche Dinge geschehen gerade dann, wenn sie um Gottes Willen nicht geschehen dürften; wie bestellt kam der kleine Sohn der Schwägerin, seine Augen reibend, was er wohl im Stall suchte, er war aus seinem Mittagsschlaf aufgewacht. In unserem Liebesdurst und unserer Versunkenheit merkten wir zuerst nicht, wie sich bald darauf ein Dutzend anderer Kinder an der Stalltür versammelte. Ich versuchte nur, mit aller Kraft Kerem von mir zu schieben, er aber dachte nicht daran aufzuhören. Auf den Lärm der Kinder kamen dann bald auch die Eulen des Hauses. Ein Geschrei brach los, Kerem schüttelte sich wie ein vom Pferd getretenes Huhn und zischte ab. Ich stand da,

und die Frauen hätten mir fast die Augen ausgekratzt. Ehe die Schwiegermutter den Mund aufmachen konnte, sprang die älteste Schwägerin auf mich zu, riß an meinen Haaren und schimpfte und brüllte. Damals konnte ich ihren Zorn nicht richtig verstehen. Heute weiß ich: Ihr Neid aufgrund meiner besonderen Stellung im Hause, meines Verhältnisses zu den Schwiegereltern, meiner Verwöhntheit, der Harmonie zwischen mir und Kerem war Grund dafür, daß sie mich am liebsten in einem Löffel Wasser ertränkt hätte. Vor allem verständlich war aber ihre Wut, da ihr Mann sie schon lange nicht einmal mehr eines Blickes würdigte; schon lange schlief er nicht mehr mit ihr, schon lange hatten sie ihre Betten getrennt. Sie schlief mit ihrem jüngsten Sohn zusammen, ihr Mann träumte von einer jungen, schönen, von einer anderen Frau.
Unsere Frauen auf dem Lande werden im Vergleich zu den Männern schneller alt. Irgendwie verstehen es die Männer, jung zu bleiben. Ist das ein Wunder bei dem Elend, das die Frauen bewältigen müssen, und den Geburten und den Krankheiten und all der Last, die sie tragen? Aber ich glaube, das schlimmste ist zu schweigen. Würden sie etwas mehr reden dürfen, so würden sie seelisch nicht so verkümmern. Meine Schwägerin lief immerzu mit einem grimmigen Gesicht herum. Wir alle wußten um ihren Kummer. Um sie nicht zu reizen, machte jeder von uns einen Bogen um sie. Ich glaube, es ist die ärgste Demütigung für eine Frau, wenn ihr Mann sich ihrer nicht mehr annimmt. Was hatte sie nicht alles versucht, um seine Aufmerksamkeit wieder auf sich zu lenken. Geradezu lächerlich wirkte sie in ihren bunten Kleidern, wie ein aufgetakelter Pfau, gar einen Pony hatte sie sich schneiden lassen. Eine Zeitlang lief sie mit einem Taschenspiegel an ihrer Brust herum. Mit ihren ausgezupften Augenbrauen und ihren hennaroten Locken sah sie aus wie ein gerupfter Klapperstorch, dürr wie ein Strich in der Land-

schaft und lang wie eine Bohnenstange. Überall ins Haus hängte sie die blauen Nazarsteine gegen den bösen Blick; ein buntgetrocknetes Yüzerlikkraut wurde jeden Abend - bevor ihr Mann das Haus betrat - verbrannt, damit die bösen Geister vertrieben würden; zudem ließ sie sich vom Hodscha ein Dutzend Amulette verschreiben. Doch all dies hatte keinen Erfolg. Was sie auch tat, es bewirkte fast das Gegenteil. Das Schlimmste war, daß sie behauptete, ihr Mann hatte, seitdem ich in die Familie eingeheiratet hätte, ihr den Rücken gekehrt. Nicht, daß sie irgendein Techtelmechtel zwischen ihm und mir vermutete, nur eben, um einen Sündenbock zu haben.

Nachdem sie Kerem und mich im Stall am hellen Tag erwischt hatten, wurde die darauffolgende Zeit höllisch, unerträglich, was für mich wieder einen Grund, mich in mein Elternhaus zurückzuziehen. Ich tat es nicht. Umso wirksamer waren ihre Beschuldigungen, die mich demütigen sollten. Der Segen des Hauses sei, seitdem ich es betreten hätte, verschwunden. »Wozu hat Gott die Nächte geschaffen«, schrie die Schwiegermama »seid ihr denn tollwütig geworden, noch dazu im Stall und noch dazu vor den Augen der Kinder? Es ist eine Schande für unsere Familie. Wir hätten wissen müssen, was für ein wildes Weibstück du bist...« und noch etliches Demütigendes dazu. Ich sagte nichts, fühlte mich zwar ungerecht behandelt, aber ließ die Truthähne ihr Gift ausspucken; ich ignorierte sie. Böse war ich auf Kerem, der mich mit den Weibern alleine ließ, ohne zu sagen, daß ja er mich überfallen hatte. - Ich war sehr stolz, und das machte mich stark. Ich schämte mich nicht ein bißchen, als die Kinder das, was geschehen war, anderen Kindern erzählten, die es wiederum ihren Eltern weitergaben, und daß es dann von Mund zu Mund gar unter den Männern im Dorfcafé erzählt wurde. Die jungeren Mädchen und Frauen freuten sich mit mir. Geradezu schadenfroh nahmen sie meine Schwägerin auf die Schippe, und ich hatte meinen Spaß daran. Hatte sie es nicht verdient?

Während Kemal und Elvan in unserem Beisein einander Liebeserklärungen machten, und das nach so langen Ehejahren mußte ich an meine eigene Geschichte im Dorf denken. So verändert die Stadt die Menschen, dachte ich, das hätte Kemal sich doch im Dorf damals nicht erlauben dürfen. Aber warum eigentlich nicht, was ist daran schlecht?

Kurz vor Sonnenaufgang, mit dem Morgengebetsausruf, der von allen Minaretten mit Lautsprechern in die Dunkelheit dröhnte, wurde in unserem Gebiet die Elektrizität abgeschaltet. »Die Fabriken«, sagte der Maurermeister, »sie fangen an zu arbeiten, daher muß der Strom von den Gecekondus in die Fabrikhallen verlagert werden, Energiemangel - immer dasselbe. Gut, daß wir fertig wurden, es wäre unmöglich gewesen, weiterzuarbeiten in dieser Dunkelheit.« Die Stimmen der Müezzins dröhnten aber weiter von den Minaretten, in den Moscheen wurde der Strom jedoch nicht abgeschaltet!

Elvan bereitete ein kräftiges Frühstück, unsere Augen brannten vor Schlaflosigkeit, erschöpft, doch mit dem Gefühl, ein Lebenswerk erstellt zu haben, strahlten wir alle. Noch mußte das restliche Baumaterial ins Haus geschafft werden und um das Haus herum aufgeräumt werden, was so herumlag.

Elvan, ich und die Kinder legten uns schlafen, Kemal und Kerem kamen später. Kerem kuschelte sich zu mir ins Bett. Ich lag noch hellwach und hatte auf ihn gewartet. Er hatte noch einmal das Häuschen betrachtet, von hinten und von vorne, von oben und von unten. »Unser Palast wird ein Musterstück, das schönste in der Gegend, du wirst sehen. Die Türen und Fenster werde ich grün anstreichen, die Außenmauer werden wir schön verputzen, die Zimmer werden wir nett einrichten, du wirst es erleben.« Als wir am nächsten Tag das Haus besichtigten, konnte ich kaum fassen, daß dies unser Heim war, das da stand.

»Unser Anfang ist geglückt, nun kann nichts mehr schief gehen«, dachten wir. Möbel hatten wir noch nicht, so stellten wir das Bodenbett in eine Ecke. Auf Zeitungspapier richteten wir unsere Mahlzeiten, manchmal ging ich zu Elvan, um etwas zu kochen; mit dem Spirituskocher, den Kerem auf dem Flohmarkt billig ergattert hatte, konnten wir gerade Teewasser kochen. Das Haus mußte noch von innen fertiggemauert werden. Kerem und Kemal haben nach und nach das Nötige getan, so daß es einigermaßen bewohnbar wurde. Wir hatten auch Glück mit dem Wetter: Das Haus konnte trocknen, bevor ein paar Wohngegenstände angeschafft wurden. Mit dem restlichen Geld holten wir vom Trödelmarkt eine Strohmatte, einen Filzläufer, zwei gebrauchte Sofas und einige Geschirrstücke, eine Propangasflasche. Die Türen und Fenster dichteten wir mit Filzdecken ab, es zog nachts wie Hechtsuppe aus allen Löchern. Unsere »über Nacht hingestellte« Baracke - darum hießen diese Häuser Gecekondus - wurde wohnlich, wir fühlten uns sogar richtig wohl in unserem Eigenheim. Bevor der Winter hereinbrach, kauften wir einen gebrauchten Kohleofen und Kohle, dazu Anbrennholz. Hauptsache, wir froren nicht in der Nacht. Wenn Kerem von der Arbeit heimkäme, sollte er es warm haben. Den Tag konnte ich irgendwie in der Nachbarschaft verbringen, so brauchte ich nicht zu heizen.
Unser aus dem Dorf mitgebrachtes Geld war fast verbraucht. Kerem mußte schleunigst Arbeit suchen, egal was. Er fing an nachzugrübeln. In den Wintertagen ist es sehr schwierig, eine Arbeit zu bekommen. Die Menschen stehen Schlange in Behörden, um irgendwo angestellt zu werden. Es hatte auch im Grunde keinen Zweck, von Behörden eine Hilfe zu erwarten, aber was macht unsereiner, frisch aus dem Dorf, ohne Beziehungen? Genug Geld zum Bestechen hatten wir auch nicht. Wir vertrauten auf Vater Staat, aber irgendwie war sein Arm nie lang genug, uns zu erreichen, während

andere ihre Rücken immer fester an ihn lehnten; nur wir hatten weder im Dorf was von ihm, noch sollten wir in der Stadt etwas von ihm bekommen.

Wir hörten, am sichersten wäre es, als Laufbursche oder Teebringer bei Behörden zu arbeiten. Das Gehalt würde man dort so oder so bekommen, die Arbeit sei leicht, außerdem würden die Behörden gut geheizt. Kerem brauchte nicht zu frieren. Hin und wieder bekäme er vielleicht auch etwas Trinkgeld. Kapıcı, Türwärter, das wäre der richtige Beruf für ihn. Schließlich hatten viele aus den Gecekondus solch eine Stelle und waren zufrieden. Kerem aber hatte kein Glück. Tagein, tagaus ging er frühmorgens auf Arbeitssuche, klopfte an Hunderte von Türen, fragte in Hotels und Restaurants, erkundigte sich, was man als Ungelernter tun kann - nichts war zu bekommen, als sei die Erde in Eisen und der Himmel in Kupfer verwandelt. Abendelang überlegte er mit Kemal hin und her, was er tun solle und könne; es waren nur noch wenige Erwägungen geblieben, wenn es überhaupt noch eine gab. Das einzige, was er machen könnte, war, wie Kemal einen Schiebekarren anzuschaffen und durch die Straßen zu ziehen, irgendetwas zu kaufen und zu verkaufen, was er gerade zwischen Finger bekam. Besser als zuhause herumzusitzen, sagten wir. Wenn er in der düsteren Beleuchtung der Petroleumlampe, seine Schläfen in die Hände gestützt, nachdenklich dasaß, wirkte er um dreißig Jahre gealtert.

Tagelang zog Kerem mit Kemal los, um die Feinheiten und die Tricks des Straßenverkäuferberufs zu lernen. Kemal zeigte ihm die Gebiete, in denen er verkaufte, woher er die Ware bekam, wie er sie berechnete, und dergleichen mehr. Ein paar Wochen später beherrschte Kerem diesen Job mit allen Geheimnissen. Wir waren froh, daß er eine Beschäftigung hatte und dazu noch etwas verdienen konnte. Abends erzählte er, was er alles tagsüber erlebt hatte. Lustig versuchte er, die Frauen aus den Hochhäusern nachzumachen: Er streifte durch die feinsten Straßen und schrie: »Obst und Gemüse, frisch und saftig!« Heutzutage schreien die Verkäufer: »Apfelsinen aus Dallas!« Es verkauft sich besser, wenn etwas aus Amerika kommt. Die Frauen - auch zu später Morgenstunde noch im Morgenmantel und mit Lockenwicklern am Haar - ließen ihre Körbe mit Geld von den Balkonen herab und riefen ihm zu: »Zwei Kilo von dem, ein Kilo von dem, Kerem Efendi.« Er wog die bestellten Sachen, legte sie in den Korb und entnahm das Geld, der Korb wurde wieder hochgezogen mit dem übrigen Wechselgeld. Er versuchte, ihre Sprache und ihr Gehabe nachzumachen. Manche Abende lagen wir am Boden vor Lachen und kriegten Bauchkrämpfe. An solchen hochgestimmten Tagen betete ich innerlich, daß kein Schatten über unser Glück fiele.

Ich wünschte ein Kind, auch dafür betete ich. Wir dachten gar nicht mehr daran, daß ja in unserer Baracke noch alles fehlte. Wir warteten so lange Jahre schon auf ein Kind: Das Dach überm Kopf hatten wir, eine Arbeit ebenfalls, wenn es auch nie sicher war, wieviel man an dem Tage verdienen würde, wenn wir auch von der Hand in den Mund lebten und morgen das verzehrten, was Kerem heute verdiente. Wir dachten nicht daran, was passieren würde, wenn Kerem einen einzigen Tag nicht loszöge. Wir hatten keinerlei Reserven mehr. Doch der Wunsch nach einem Kind war unstillbar. Ich holte alle möglichen Ratschläge von erfahrenen Frauen in der Nachbarschaft ein, wie wir es anpacken sollten; allerlei Volksmedizin probierten wir aus. Dann das Abenteuer mit dem staatlichen Krankenhaus... Noch im Morgengrauen fuhren Elvan und ich stundenlang mit mehreren Dolmuş an das andere Ende der Stadt zum Krankenhaus. Elvan kannte die Stadt inzwischen wie ihre Handfläche. »In diesem Krankenhaus braucht man nur einen Anerkennungspreis zu zahlen, der Staat sorgt schon für uns, nur es ist nicht genug, viel mehr Krankenhäuser, viel mehr Ärzte müßten für die Menschen dasein, hoffentlich kommen wir an die Reihe, nicht die Geduld verlieren, Alaz, es wird schon irgendwann klappen...« Jedesmal, wenn wir kamen, saßen schon kranke Menschen auf der Treppe. Auf dem Betonboden vor dem Eingangstor lagen halbnackte Frauen und Kinder. Warteten sie schon die ganze Nacht hier? Woher kamen sie? Aus den Dörfern oder aus den Gecekondus? Ja, eins von beidem mußte es sein, das waren nicht Menschen aus den Hochhäusern, die piekfeinen Damen und die Herren, die verwöhnten Kinder der Reichen.

»Was fehlt dir?«

»Gott schenkt mir kein Kind! Ich bin unfruchtbar.«

»Warum kommst du dann hierher und bittest nicht deinen Gott darum?«

»Um zu fragen, ob sie mir was verschreiben könnten, damit ich schwanger werde.«

»Wie heißt du, wo wohnst du, kannst du bezahlen?«

»Nein, wir wohnen im Gecekondu, wir sind arm, mein Mann verdient nicht genug.«

»Warum bleibt ihr dann nicht in euren Dörfern? Hast du eine Armenbescheinigung?«

»Nein, was ist das?«

»Pack dich, raus! Komm erst wieder, wenn du eine Armenbescheinigung hast!«

Sie war eine junge Schwester in der Aufnahme, vielleicht war sie selbst aus einem Dorf oder aus einem Gecekondu. Man merkte es an ihrer Sprache, daß sie nicht aus einer »besseren Familie« war. Wie schnell hatte sie die Lage des Armseins vergessen. Wie leicht fällt es Menschen, andere in Not zu demütigen. Denselben Weg fuhren Elvan und ich zurück. Am nächsten Tag besorgten wir von dem Bezirksverwalter, der auch geschmiert werden mußte, die Armenbescheinigung, fuhren dann wieder und wieder ins gleiche Krankenhaus, bis wir drankamen. Der Arzt untersuchte mich

routinemäßig, verschrieb Tabletten, die unbezahlbar teuer waren, und er meinte, ich sollte nur abwarten, irgendwann würde ich schon schwanger werden, die Aussichten seien gut. Ich schluckte die Tabletten und wartete und wartete. Mehr schlecht als recht lebten wir vor uns hin. Eines Tages, als ich fast vergessen hatte, auf ein Kind zu hoffen, blieb meine Periode weg. Ein Tag, zwei Tage, eine Woche, ein Monat, nichts kam. Bis dahin hatte ich es niemandem erzählt, ich hatte Angst vor meiner eigenen Enttäuschung. Als es mit Übelkeit und Schwindelgefühlen losging, lief ich zu Elvans Tür und schrie »Elvan«. Sie drückte mich fest und sagte: »Siehst du, Schwesterchen, Gott hat dich nicht vergessen«. Diese Freude können nur Frauen nachempfinden, die einmal in meiner Lage waren. Die folgenden Monate verliefen aufregend: Das Warten auf den Stammhalter. Wird es ein Junge, wird es ein Mädchen, wird es dir oder mir ähneln, welchen Namen werden wir ihm oder ihr geben, und wenn es Zwillinge sind, wo lassen wir sie schlafen? Eigentlich schon als meine Schwangerschaft sicher war, fingen wir an, die nötigen Vorbereitungen zu treffen. Wieder stand Elvan mir bei. Ihre Kinder waren schon groß, so kramte sie heraus, was sie in ihrer alten Truhe hatte. Nachttopf, Schnuller, Hängematte, Babydecken, Windeln, Wäsche. Die Hängematte brachten wir über unserem Bodenbett von der Decke aus mit zwei Häkchen an, weil das Kind schon vor seiner Geburt unserer Vorfreude gegenwärtig sein sollte.
Es war eine schwierige Geburt. Ein Mädchen war es, pechschwarz, haarig und frech. Der Arzt hatte zu tief eingegriffen mit dem Kaiserschnitt, so blieb ich noch einige Tage in der Klinik. Mütter, Babys, Besucher, stolze Väter, gekränkte Väter, weil ein Mädchen statt eines Jungen geboren war, Mütter, Mütter, Mütter. »Unsere Sular, unser ein und alles, unser Leben, unser Töchterchen. Groß wirst du werden, schön und klug wirst du sein, die hohen Schulen wirst du

besuchen, ein großer Mensch muß aus dir werden, du wirst deine Mutter und deinen Vater aus diesem Elend retten. Pisch, Pisch, Pisch...«
Ohne schlimme Krankheiten wuchs und gedieh sie. Zwei Jahre später wurde unser Sohn İnan geboren. Nach zwei Fehlgeburten und nach İnans Geburt wurde ich nicht mehr schwanger. »Gott möge unsere beiden reichlich segnen«, dachten wir, »zwei sind vollkommen genug. Hauptsache, sie wachsen gesund heran und werden glückliche Menschen.«
İnan wurde nach seinem ersten Gelbsuchtanfall immer schwächer und blieb kränklich, still und scheu. Sular dagegen wuchs kräftig und war neugierig und altklug.
Je älter die Kinder wurden, desto größer wurden unsere Existenzsorgen. Kerems Arbeit brachte nicht genug ein, außerdem klagte er über Rheumatismus. Immer schwerer fiel es ihm, morgens früh aufzustehen, seine Hände in den Schiebekarren einzuspannen, in Regen und Schnee durch die Straßen zu ziehen. Die Lebenshaltungskosten stiegen, Regierungen wechselten. Das Volk, besonders die Ärmeren, wählte jedesmal mit neuen Hoffnungen. Das Volk ließ sich sehenden Auges schamlos belügen, betrügen, jedoch die Wahlversprechungen der Politiker erweckten immer wieder Hoffnungen. Daß die meisten Stimmen in den Gecekondugebieten zu holen waren, hatten die Politiker erkannt, deshalb reisten sie schon Monate vor den Wahlen an, sie kamen von allen Parteien, Politiker mit ihren Leibwächtern und ihrer Polizei, hielten verheißungsvolle Reden vor den verelendenden Massen. Sie versprachen Eigentumsrechte für die auf staatlichem Grund gebauten Gecekondus, sagten Schulen zu, bessere gesundheitliche Versorgung, als gäbe es überhaupt welche, eine gute Infrastruktur, Elektrizität, Kanalisation, Wasserleitung, Straßen und Müllabfuhr. Sie versprachen Arbeit und Zukunft. Kaum waren die Wahlen vorbei und sie saßen fest auf ihrem Thron, hatten sie vergessen,

welche Hoffnungen sie in uns erweckt, wie sie uns benutzt hatten, um an die Macht zu kommen. Wenn man uns wenigstens in unserem Elend in Ruhe gelassen hätte! Nach mehreren Wahlperioden wußten wir, daß keines ihrer Versprechen wahr werden würde, trotzdem wählten die Menschen, je nachdem, wem sie glaubten. Aber sie wählten. Wobei das Vertrauen in die Politiker nicht auf realen Erfahrungen beruhte, sondern auf reinen Hoffnungen. Kaum waren sie an der Macht, hörten wir, in der und der Gecekondugegend hätte die neue Regierung mit Abrißaktionen begonnen. Einen Tag vorher kam ein Regierungsbeamter mit seinen Männern mit dem schriftlichen Abrißbefehl der Regierung, verlas die Namen der Hausbesitzer öffentlich und zeigte mit seinem Finger: Die folgenden abrißreifen Häuser müssen bis morgen früh ausgeräumt werden, Abrißaktionen starten morgen um 7.00 Uhr.« Es folgte noch der gute Rat: »Ich persönlich empfehle, euch gegen die Regierungsbefehle nicht aufzulehnen.« Die Betroffenen baten ihn vergeblich um Verständnis, wohin sollten sie gehen, wohin? Der Beamte hörte auf keine Klagen, er nahm seine Männer und zog ab. Kinder schmissen Steine hinterher, Frauen fluchten und gaben die schlimmsten Verwünschungen von sich. Niedergeschlagen kehrten sie alle heim. Am nächsten Morgen sahen wir die in Ballen eingepackten wenigen Habseligkeiten der Aufgebenden vor ihren Häusern. Manche zogen in andere Gecekondugebiete, von denen sie glaubten, es bestünde geringere Abrißgefahr, in der Hoffnung, irgendwie neu anfangen zu können. Manche zogen vorerst zu ihren Verwandten und Bekannten, um dort in der Übergangszeit beherbergt zu werden. Es gab auch welche - das waren Leute, deren Häuser schon etliche Male vom Abriß bedroht oder ihm zum Opfer gefallen waren - die in ihre Dörfer zurückkehrten.
Dann kam die Regierung mit ihren Kränen und Bulldozern, mit ihrer Polizei und ihren Gummiknüppeln, mit Hacken und

Schaufeln; später, Jahre später dann mit Panzern und Kanonen. Hin und wieder gab es vereinte Widerstandsaktionen der Gecekondubewohner, die mit Steinen und Stöcken ihre Gebiete Tag und Nacht bewachten und sie von Regierungsbeamten nicht betreten ließen und glaubten, damit Erfolg zu haben. Am nächsten Tag kamen die Regierungs- und Armeetruppen mit verstärkter und besser bewaffneter Mannschaft, verhafteten Frauen und Kinder, schlugen Männer zusammen, rissen die Häuser nieder und verwandelten in ihrer Wut alles in Schutt und Asche. Diese Niederlagen ketteten aber auf der einen Seite uns Menschen in den Gecekondugebieten immer stärker zusammen; so wuchs der Widerstand wenigstens in den Gedanken der Massen. Auf der anderen Seite verstärkte sich der Neid auf diejenigen, deren Häuser nie vom Abriß betroffen wurden. Weil sie sich nicht bedroht fühlten, blieben sie unseren Widerstandsaktionen fern, und wir vermuteten sogar, einige Spitzel seien unter ihnen, die mit der Regierung zusammenarbeiteten. So bildeten sich zwei Gruppen in der Bevölkerung der Gecekondus: die Privilegierten und die Unterprivilegierten. Die Privilegierten arbeiteten in festen Anstellungen bei Behörden, als Pförtner, Straßenkehrer oder als Laufburschen. Die anderen verrichteten Arbeiten, die keine Zukunft hatten; sie waren Lastenträger, Schuhputzer, Straßenverkäufer, Altkleidersammler. Für die Letzteren bedeutete ein Tag ohne Verdienst möglicherweise zwei Tage kein Kuruş,... So wuchsen unsere Schulden beim Metzger, beim Lebensmittelhändler, beim Bäcker. Es kostete viel Mühe, mit Versprechungen, die Schulden ganz gewiß am Monatsende bezahlen zu wollen, neue Waren einzukaufen. Wir hatten nie genug Bargeld und ließen bei den Händlern alles anschreiben. Solange die Aussicht auf Begleichung der Schulden bestand, konnten wir weitere Schulden machen. Als der Schuldenberg immer größer wurde, gaben die Händler nichts mehr her. Ich bat sie manchmal mit

Tränen in den Augen um hundert Gramm Margarine und zweihundert Gramm Zucker, versprach, am nächsten Tag keine Schulden mehr zu machen, obwohl ich genau wußte, daß ich dieses Versprechen nicht würde halten können. Vom Dorf kam schon lange kein Nachschub mehr. Sie glaubten, uns ginge es gut. Kerem war zu stolz, seine Familie um Nahrungsmittel zu bitten. Ich schlug immer wieder vor, putzen zu gehen, er erstickte dieses Vorhaben jedoch im Keim. Je größer die Kinder wurden, desto unerträglicher wurden unsere Existenzsorgen. Die Einschulung von Sular stand bevor. Die Mütter, deren Kinder zur Schule gingen, klagten wegen der Schulkosten; es mußten Uniformen, Bücher, Fahrgelder bezahlt werden. Nicht die besten Schulen würden unsere Kinder besuchen können, das wußten wir, keine Eliteschulen; nur die Schulen an der Peripherie der Stadt wurden gefüllt mit den Kindern aus den Gecekondus. Damals mußten die Kinder weit laufen, in Schnee und Sturm, um einen Dolmuş zu finden. Die öffentlichen Verkehrsmittel kamen nicht in unsere Nähe. Die Stadt hatte keine Busse für uns zur Verfügung, die Dolmuş' fuhren nicht so weit den Hügel hoch, weil es sich nicht rentierte. Da sie Privatunternehmern gehören, muß das Geschäft sich lohnen; so transportieren sie nur in den Ballungszentren. - Fürİnan mußten wir eine strikte Diät einhalten, das bedeutete Milch, Käse, Fleisch; alles, was teuer war und über unsere finanziellen Kräfte ging. Kerems Durchhaltevermögen versagte häufig. Wenn er wegen in absehbarer Zeit unlösbar erscheinender Probleme durchdrehte, herrschte im Hause Unfrieden. Er hackte auf mir herum: Ich sei es, die ihn in dieses Elend gezogen habe. Ja, ich allein hätte ihm die Suppe eingebrockt. Wie solle man soviele Steine aus dem Reis lesen! Und das mit zwei Kindern.

Doch uns blieb ein Trost: Wir hatten nach monatelangen Laufereien unser Gecekondu in das Grundbuch eintragen lassen können. Das Grundstück gehörte einem Privatmann, der schon einige Wochen nach dem Bau vor unserer Tür stand. Wir baten ihn eingeschüchtert herein und riefen Kemal zu Hilfe, er wußte in solchen Fällen am besten zu handeln. Ein Preisvorschlag wurde gemacht, wir hatten unseren Gegenvorschlag. Außerdem argumentierte Kemal, daß er die Quadratmeterpreise in der Gegend ziemlich genau kenne. Wir einigten uns auf den Vorschlag des Grundstückbesitzers, wollten aber Ratenzahlung. Mit tausend Mühen bekamen wir sein Einverständnis, er war so geldgierig. Dabei war die halbe Gegend in seinem Besitz. Wucherer, die Geld hatten, kannten damals das Gecekonduphänomen und investierten, was sie hatten, in Grundstücke in den der Stadt nah und fern liegenden Gebieten. Die Landflucht beschleunigte sich im Laufe der Jahre immer mehr, Hunderttausende kamen über Nacht und ließen sich in diesen Gebieten nieder. Wenn das Grundstück der Staatskasse gehörte, kamen in regelmäßigen Abständen Regierungsbeamte und benachrichtigten die Leute; so mußte man mit dem Staate über den Grundstückspreis und über die Baugenehmigung verhandeln. War das Grundstück im Rahmen der Stadtsanierung in das Sanierungsprogramm aufgenommen worden, so mußte das Haus früher oder später abgerissen werden. Ja, der einzige Lichtblick war, daß unser Häuschen sicher stand, obgleich noch mindestens ein Jahr Grundstücksschulden abzuzahlen waren. Es ist doch ein ganz anderes Gefühl, wenn man weiß, das Haus steht nicht in Abrißgefahr, aber sonst war alles, aber wirklich alles, kurz vor dem Zusammenbruch. So kam es uns jedenfalls damals vor.

Als ich eines Morgens mit Elvan so unverbindlich im Stehen über unsere Sorgen plauderte, erwähnte sie ganz nebenher, daß schon manche Leute aus den gleichen Gründen sich für Deutschland gemeldet hätten. Kemal habe gehört, daß beim Arbeitsamt Menschen Schlange stünden, um sich für Deutschland registrieren zu lassen. Ich wurde hellhörig auf Elvans Worte hin. Es bohrte in den folgenden Tagen in meinen Gedanken und ließ mich nicht mehr schweigen; eines Abends eröffnete ich das Gehörte Kerem. Ich war so vorsichtig, ängstlich, denn ich wußte, hätte ich es ihm als Vorschlag unterbreitet, wäre es von ihm strikt abgeschlagen worden, und er hätte mir nicht einmal mehr weiter zugehört. Auf der anderen Seite hatte ich auch Angst vor meinem eigenen Vorschlag. Es war alles ungewiß, denn zu dem Zeitpunkt wußte man noch gar nichts von Deutschland. Als ich das erste Mal Deutschland erwähnte, hörte er mir zu, gab aber keinen Ton von sich. So wußte ich, es brauchte viel Mühe, bis er sich überhaupt erkundigen würde, was an der Sache mit Deutschland dran sei. Immer wieder kam ich mit diesem Thema zu ihm, argumentierte mit unseren Schulden und was-weiß-ich-nicht-alles. Während ich versuchte, ihn zu überzeugen, war ich mit der Idee selbst noch nicht so sehr glücklich. Da eben das Thema »Deutschland« zu neu und ungewiß war, konnte man sich auch kein Bild machen. Aber wer hätte meine Verzweiflung damals nicht verstehen können? Wer damals in unserer Haut gesteckt hätte, wäre längst Feuer und Flamme gewesen, selbst an das Ende der Welt zu gehen. Eigentlich hätten wir in unserem damaligen Zustand keine Zeit mehr gehabt, lang und breit zu überlegen, ehe wir eine Entscheidung trafen. Wenn es nach mir gegangen wäre, hätte ich mich noch am selben Tag auf den Weg zum Arbeitsamt gemacht. Kerem brauchte eben lange. Seine zögernde Natur hat uns überhaupt einige Chancen gekostet, meine ich jetzt im Nachhinein. Auf der anderen Seite war er die ausgleichende, ergänzende Kraft im Vergleich zu meiner dauernden Voreiligkeit. Kurzum: Eines Abends kam er etwas weniger bedrückt, mit etwas mehr Glanz in seinen Augen heim, sein Schnurrbart, der dem eines Seehundes ähnelte, trug Schweißperlen, seine Arme waren voll von in Papiertüten eingepackten Süßigkeiten für die Kinder. Seine Beine hatten es nur mühsam den Hügel hoch geschafft, wegen des Rheumatismus', sein Atem rasselte in der bebenden Brust, aber er lächelte. Mein erster Eindruck von ihm war: Es ist heute etwas Gutes passiert.

Seine Erkundigungen beim Arbeitsamt hatten ihm Hoffnung gemacht. »Es klingt alles so unwirklich«, sagte er, »ob ein Wurm an der Sache ist, Alaz?« »Was soll passieren?« fragte ich. »Wenn es uns dort nicht gefällt, können wir ja immer noch zurückkommen, wir wollen ja nicht für Ewigkeiten dorthin«, sagte ich. »Wir?«, fragte er. Ich hatte gar nicht darüber nachgedacht, daß ja Kerem erst allein fort mußte, daß ich mit den Kindern eine Weile hier ohne ihn zurechtkommen mußte. Obgleich dieser Gedanke mir ganz und gar nicht gefiel, mußte ich froh sein, daß er überhaupt soweit konkrete Schritte unternommen hatte, und da dieses ja mein Werk war, es als ein Triumph für mich gelten konnte. Behördengänge - das bringt unmittelbar Bestechungen mit sich - Papiere, Fotos, Tauglichkeitsbescheinigungen von mehreren Ärzten, Zeit, Geld, Nerven... Die letzten Wochen gingen rasch vorüber mit diesen Aktivitäten und in euphorischer Freude. »Wenn ich einmal in Deutschland bin, und ihr kommt nach, sollt ihr sehen, wie gut wir es haben werden.« Die Kinder träumten, ich träumte, und meine Träume wurden immer anspruchsvoller. Einmal ein purpurnes Samtkleid, goldene Armreifen, das Häuschen mußte aber zuerst bezahlt werden. Möbel sollten wir auch haben, vor allem jedoch eine Wohnung mit Licht und fließend Wasser und was nicht alles... Noch war Kerem auf türkischem Boden. Würde alles glattgehen? Es durfte um Gottes willen jetzt nichts dazwischenkommen. Wenn Kerem erst einmal weg war, würde alles wie am Schnürchen laufen.

Seine ganze Familie reiste zu seinem Abschied aus dem Dorf an, mein Vater kam mit Miriam, einige Bekannte und Nach-

barn erschienen. Wir alle begleiteten Kerem zum Flughafen. Im letzten Moment des Abschieds schnürte mir etwas die Kehle zu, die Freude war plötzlich wie weggewischt. Auf einmal stand ich der Angst vor meiner Einsamkeit gegenüber. - Aber doch nicht jetzt, Alaz! - Es war sowieso zu spät, ich hätte ihm wieder etwas eingebrockt, was ich nicht mehr hätte rückgängig machen können.
Sein Flugzeug schwebte schon längst über den Wolken, als ich merkte, wie schwer meine Beine von der Stelle zu bewegen waren. Mein Vater und Miriam hatten so lange Zeit nichts von uns gehört, sie konnten nicht fassen, wieso das so schnell über die Bühne ging. Die Blicke der Schwiegermama verrieten ihren Zorn. Sie wußte ganz genau, daß ich wieder hinter diesem Deutschlandspiel steckte, sie wußte nur zu gut, daß ihr Sohn von alleine so etwas nicht hätte zustandebringen können. Auf das Drängen von Vater und Miriam fuhr ich mit den Kindern ins Dorf. Für ein paar Tage vorerst, dachte ich. Der erste längere Aufenthalt, seit wir in die Stadt gezogen waren. Es tat gut, wieder in der altvertrauten Umgebung, mit bekannten Seelen zusammenzuhocken und zu erzählen, das Schicksal zu beweinen. Die das Elend in den Gecekondugebieten nicht kannten, beneideten uns, andere hatten Mitleid mit mir, einer jungen Frau, mit zwei Kindern allein, dazu in einer großen Stadt, ohne die Vertrauten in der Nähe zu haben. Kerems erster Brief ließ lange auf sich warten. Da die Schule von Sular und İnan bald beginnen würde, konnten wir nicht länger im Dorf bleiben. Die Zeit dort aber tat uns allen gut. Wir tankten Geborgenheit und Wärme, die uns in den nächsten schweren Zeiten - ohne unseren Vater - helfen würden, auf den Beinen zu bleiben.
In den folgenden Jahren beschleunigte sich die ganze Deutschlandwelle, immer mehr Frauen aus unseren Gecekondugebieten blieben ohne ihre Männer; entwurzelt aus unseren Dörfern, zwangsläufig in der Not verlassen von unseren

Männern, saßen wir mit unseren Kindern am Rande einer Großstadt, in Elend und weiterhin herrschender Not. Im Lebenskampf rückten wir Frauen näher zueinander; der gemeinsame Schmerz verband uns. Die Männer schrieben wiederum von ihren unvorstellbaren Verhältnissen des Wohnens in den Arbeiterheimen, des Arbeitens in den Fabrikhallen, von dem Umgang mit den Deutschen, von Deutschland. Jahre vergingen in diesem Verhängnis. Jahreszeiten wechselten, Hunderttausende neuer Gecekondus entstanden in unseren Gegenden, die Stadt wuchs und platzte aus allen Nähten, ihre Eingeborenen wurden zur Minderheit, die Gecekondubevölkerung füllte sie. Die Kinder wuchsen. Sular war schon immer Klassenbeste gewesen, während İnan, die Abwesenheit und fehlende Autorität des Vaters ausnutzend, häufig genug die Schule schwänzte. Verführt von anderen Jungen, gingen sie als Gruppe manche Tage gar nicht in die Schule und wanderten mit ihren Schultaschen durch die Straßen der großen Stadt, abends kehrten sie völlig ausgehungert und verdreckt heim, nachdem die Schule schon seit Stunden aus war. Wenn ich dann fragte, wo er war, warum er nicht in der Schule war, drohte er mir, er würde die Schule völlig an den Nagel hängen, wenn ich ihn weiter so in die Zange nähme. Er ging ungern zur Schule, dabei war er aus dem Spielalter schon längst heraus. Seine Lehrer beklagten sich über seine Gleichgültigkeit und Verspieltheit. Er sei der Bandenführer, seine Frechheit ginge über das Entschuldbare hinaus. Die Tadelschreiben von der Schule häuften sich. Ich meldete die Lage dem Vater und drohte ihm: »Wenn du uns nicht nachholst, werden noch viel schlimmere Dinge passieren, ich sehe es kommen, und zwar sehr bald.« Während ich den Brief diktierte, weinte Sular um unseren Zustand. Die Antwort Kerems war: »Warte noch ab, bis ich im Sommer komme, dann wollen wir uns alles nochmals durch den Kopf gehen lassen.« Er schrieb seinerseits von seinen Problemen in der Fremde. In Duisburg arbeitete er in den Thyssen-Werken. Er klagte über die Schwere der Arbeit, über die schlechte Luft und über seinen Rheumatismus, der in der feuchten Luft immer schlimmer zu werden schiene. Dann schrieb er von seinen Vereinsarbeiten, daß man ihn zum Vorsitzenden des Arbeitervereins gewählt habe, er hätte dort allerhand zu tun. Er berichtete von Streiks, von Demonstrationen, von seinen Kameraden, von dem immer mehr sich verschärfenden Ausländerhaß und den Aktionen, die sie als politisch bewußte Ausländer dagegen veranstalteten. Ich verstand von all diesen Dingen nichts, nur daß es unter den herrschenden Umständen der Ausländerfeindlichkeit nicht zweckmäßig wäre, uns nachzuholen: »Die Kinder wachsen hier im Elend auf, sie sind keine richtigen Türken und keine richtigen Moslems mehr. Ich will ja nicht ewig hierbleiben! Wenn wir alle noch etwas die Zähne zusammenbeißen, wird der Trennung ein Ende gesetzt. Seid nicht so verzweifelt, ich bin ja bei euch, anbei ein Hundertmarkschein...« Für damalige Verhältnisse war diese Summe mehr als genug für uns, um einen Monat über die Runden zu kommen. Die Grundstücksschulden waren ja abbezahlt, ich richtete unser Häuschen nach und nach ein, ich sparte sogar etwas von den Überweisungen für magere Zeiten. Er sparte seinerseits dort jeden Pfennig für eine Reparaturwerkstatt, und er lernte für seine Rückkehr schweißen, belegte zusätzliche Abendkurse, um sein Schweißerdiplom zu bekommen: »Wenn wir einmal unsere Werkstatt haben, werde ich mein Diplom einrahmen und an die Wand hängen, damit man sieht, daß ich etwas kann...«

Die Pfirsichbäume in unserem Vorgarten hatten schon das fünfte Mal ihre Früchte gegeben. Sular war weiterhin eine fleißige Gymnasialschülerin, İnan begann nach der Mittleren Reife, bei einem Dolmuşunternehmen als Beifahrer zu arbeiten, für »einen Apfel und ein Ei«. Alle meine Drohungen und

Tränen hatten nicht geholfen, ihn für den weiteren Schulbesuch zu motivieren. Inzwischen war er über das Pubertätsalter hinaus, er war eitel worden; mit gelig gekämmten Haaren, mit seinem prahlhanserischen Gang jagte er hinter den Mädchen her, pfiff und sang ununterbrochen die Arabesqueschnulzen und meinte - darin bestärkten ihn seine Kumpel - er hätte eine gute Stimme, er wolle und müsse Sänger werden. In Nachtlokalen singen, berühmt werden... Viel Geld würde er kriegen, dann würden alle Frauen der Stadt hinter ihm her sein. Er schleppte buntbebilderte Zeitungen ins Haus, in denen von solchen Schicksalen berichtet wurde: »Vom Herdenknecht zum populärsten Sänger des Landes.« In der Tat, mit dem Beginn der schnulzigen Arabesquemusikwelle, die lediglich in den Gecekondugebieten Anklang fand, kamen neue Namen auf. Frauen sowie Männer, die fast alle aus den Elendsvierteln der Städte stammten, wurden über Nacht, ohne viel Können, zu Berühmtheiten. Es seien sogar Analphabeten unter ihnen, so sagte man. Viele Gecekondujungen und -mädchen versuchten, in dieser Art und Weise hochzukommen. Chancen sonst sahen sie keine. Oft werden Mädchen zu Gesangs- oder Tanzproben in Nachtlokale gelockt und landen dann bald in der Unterwelt, in den Puffs oder Rendezvouzhäusern. Tag für Tag liest man in Tageszeitungen Bittschreiben und Annoncen von verlassenen Eltern solcher Mädchen: »Liebes Töchterchen, kehre zurück ins Heim, wir haben dir schon verziehen, deine Mutter wartet auf dich mit verweinten Augen und gebrochenem Herzen.«
Die Jugend war eine »Gecekondu-Jugend« mit all ihren Eigenschaften. Die jungen Leute ähnelten weder der Dorfjugend, noch waren sie richtig Stadtmenschen, eben etwas dazwischen. Ich weiß nicht genau, wie es kam,İnan fing an, bei Hochzeiten zu singen. Die neue Jugend war nicht mehr zufrieden mit einem Fest in den Häusern, unter Freunden und

Verwandten; man mietete nunmehr teure Hochzeitssäle, möglichst mitten in der Stadt, man bestellte eine Tanzkapelle, möglichst laut. Der Saal füllte sich mit Gästen in Pluderhosen und Kopftüchern. Mädchen in aufgetakelter Kleidung und geschminkt, Jungen mit dem den Städtern nachgeahmten feinen Gang und Umgang. Man ißt Kuchen und trinkt Coca Cola, man tanzt orientalisch und müht sich, amerikanisch zu sein. Auf solchen Hochzeiten begann also unser Sohn mit seiner Sängerlaufbahn, aus der später aber nichts wurde. Neben seiner Arbeit als Dolmuşfahrer zog er an Wochenenden piekfein aufgemacht zu den Gecekonduhochzeiten. Er verdiente etwas Taschengeld dazu. Weder wurde er berühmt, noch liefen die Frauen der Stadt Ankara hinter ihm her. Die Zeit kam, er wurde zum Militärdienst einberufen.

In all den Jahren kämpfte ich gegen diese Umstände allein, ganz allein. Das Grau meiner Haare, die Runzeln auf meiner Stirn und die unzähligen Falten im Gesicht entstanden im Laufe dieser Jahre. In tiefster Verzweiflung weinte ich, mein linkes Auge erblindete langsam, der graue Star setzte ein. Mein Mann war nie da. Kerem lebte sein eigenes Leben dort in der Fremde. Seine Briefe wurden seltener, und wir vermuteten, was er selbst ja auch später bestätigte: Er hatte sich eine deutsche Frau genommen, die fast im Alter seiner Mutter war. Immer hatte ich im Inneren noch die Hoffnung gehabt, er würde uns treu bleiben, nur so konnte ich dieses Elend aushalten, jahrein, jahraus. Als ich aber auch noch von ihm erfuhr, daß da eine andere Frau war, gab ich ihn innerlich auf. Ich wartete nicht mehr auf die schönen gemeinsamen Tage. Von Reparaturwerkstatt und solchen Zukunftsplänen war schon lange keine Rede mehr in seinen Briefen, auch nicht mehr von der euphorischen politischen Arbeit. Alles hatte diese Frau kaputt gemacht, meine Zukunft und die meiner Kinder. Sie hatte ihn völlig mit Beschlag belegt, führte ihn wie einen Pudel an der Leine. Er war ohnehin dazu veranlagt, ein Pantoffelheld zu sein. Wenn eine Frau ihre weibliche List geschickt einsetzte, war er ihr bestimmt völlig ausgeliefert. Vielleicht brauchte diese Frau gar nichts Besonderes zu tun, um ihn festzuhalten. Unsere Männer verknechten sich den deutschen Frauen ohne Bedingungen, das alles hörten wir ja nun genug. Ich war nicht die einzige Betroffene in Kayaş, deren Mann in Deutschland sich eine deutsche Frau genommen, Weib und Kinder, Heim und Heimat völlig im Stich gelassen hatte. Jahre hindurch hatten wir uns, wenn wir in der Nachbarschaft zusammensaßen, mit den Briefen unserer Männer getröstet, durch die Hoffnung auf ihre Rückkehr blieben wir standhaft. Eine Schicksalsgemeinschaft wuchs durch diese bitteren Jahre unter uns Frauen. Nun hatten wir nicht mehr viel zu reden, wir saßen da wie die Vögel, deren Flügel von Geiern aufgefressen waren. Nun saßen wir da, und unsere Herzen weinten Blut... Doch nie hatten unsere Zungen die Kraft gehabt, ein böses Wort über unsere Männer, über unsere Herren, über »die Helden« zu sagen. Eine religiös-magische Kraft verschloß unsere Münder. Sular war all die Jahre mein einziger Stolz, mein Trost, meine Stütze, mein Alles. Mit Prädikat hatte sie ihr Abitur bestanden; während andere Mädchen sich wer-weiß-wo herumtrieben, hat sie im Licht der Petroleumlampe Nächte hindurch gearbeitet und bestand die schweren Aufnahmeprüfungen an der Universität für Politische Wissenschaften. Schon im dritten Semester assistierte sie ihren Lehrern, die sie abgöttisch liebten und förderten. Ihr Gesicht wurde vor Unterernährung und von der Nachtarbeit bleich, ihre Augen bekamen Ränder, denn während ihres harten Studiums brachte sie noch Tipparbeiten nach Hause, um ihr Studium zu finanzieren. Der Betrag, der uns aus Deutschland erreichte, war jahrelang immer gleich geblieben. Woher sollte mein Mann auch wissen, wieviel teurer das Leben in der Heimat von Tag zu

Tag wurde und daß wir damit nicht auskommmen konnten? İnans Verdienst war gerade genug für seine eigenen Ansprüche. Dazu borgte er noch aus unserer ohnehin knappen Haushaltskasse, denn er trieb sich neuerdings in den Nachtlokalen, in der Unterwelt herum. Manche Nächte wurde er völlig betrunken von seinen Freunden zuhause abgeliefert, in anderen Nächten blieb er ganz weg. Ich saß dann am Fenster und betete zu Gott, er möge heil das Heim erreichen. Meine Angst um ihn wuchs. Die Typen, die ihn heimbrachten, gefielen mir ganz und gar nicht, solche Halbstarken mit düsteren Augen und Schnurrbärten und ihrer merkwürdigen Sprache. Meistens saßen auch Frauen mit blond gefärbten Haaren und dekolletierten Kleidern in diesen Autos, mit denen İnan nach Hause gebracht wurde. Sie sangen und lachten; aus den Autos dröhnten ihre Stimmen, sie alle waren immer betrunken. Dann rasten sie weg mit dem Auto durch die Nacht. Am nächsten Morgen, wenn er aufwachte, erinnerte sich İnan an nichts mehr. Wenn ich ihn fragte, gab er nur unverständliche Antworten und sagte: »Ich bin eben so, wenn es dir nicht paßt, geh dorthin, wo der Pfeffer wächst.« Was sollte ich bloß tun? So verzweifelt, wie ich zu dem Zeitpunkt war, so grausam wurde der Junge. Er hielt seine Zunge vor nichts zurück, später wurde er ein paarmal sogar handgreiflich gegen mich. Das alles ohne Grund. Dann hatte ich aufgegeben, ihn wieder auf die richtige Bahn lenken zu wollen. Ich fragte gar nichts mehr, ich ignorierte seine Anwesenheit, aber er brauchte einen Grund, um im Hause die Hölle loszumachen. Sular war nicht weniger verzweifelt über die Entwicklung ihres Bruders. Wir schrieben Eilbriefe an unseren Vater, er solle schnell, so schnell wie möglich, kommen und irgendetwas unternehmen, um den Jungen zu bändigen. Es ging nun über unsere Kräfte, in der Hinsicht irgendetwas zu tun. Kerem dachte nicht einmal daran zu kommen, er hatte eben viel zu tun. »Was stellt ihr euch vor,

dies hier ist Deutschland, und ich bin ein Knecht hier, es ist nicht mein Privatgeschäft, das ich schließen und öffnen kann, wann es mir paßt, ich krieg keine Reisegenehmigung.« Er meinte praktisch: »Rechnet nicht mehr mit mir, verreckt in eurem Dreck.« Dabei träumte und hoffte İnan, sein Vater würde ihn nach Deutschland mitnehmen und dort für ihn eine Arbeit finden, seinen Sohn unter seine Fittiche nehmen und ihm eine sichere Zukunft eröffnen. Von wegen!
Inzwischen wurde İnan 19, die erste schriftliche Einberufung zum Militärdienst war gekommen. In einigen Wochen würde er eingezogen werden. Sular und ich dachten schon lange, dies sei die Möglichkeit, daß er wieder zu sich käme. In den strengen Verhältnissen des Soldatenlebens in der Kaserne würde er schon ganz schön mit Prügeln geschliffen werden, zur Vernunft kommen. Ich tröstete mich mit dem Gedanken, daß viele Jungen vom Militärdienst zu ihrem Vorteil verändert zurückkehrten. Viele lernen dort sogar Lesen und Schreiben, für viele gibt es die Möglichkeit, in den 18 Monaten einen vernünftigen Beruf zu erlernen. İnan und viel verrücktere Typen würden dort schon zum Gehorsam gebracht, ja, im richtigen Sinne geformt werden. Was sollte ich tun in meiner Verzweiflung? Wer nicht schwimmen kann, klammert sich selbst an die giftige Seeschlange.
Unsere Hoffnungen waren von kurzer Dauer. Meine Ängste waren scheinbar die Vorahnung der eigentlichen Hölle, die noch auf uns zukommen sollte. Wieder am Morgen nach einer der verzweiflungsvollen Nächte am Fenster hörte ich ratternd ein Auto um die Straßenecke in unsere Richtung einbiegen, die Scheinwerfer fielen auf unser Haus, in der stillen, stockdunklen Nacht lief ich, voller Angst und zugleich schon etwas beruhigter, an die Tür, da ich hoffte, er sei gekommen, wenn auch betrunken oder bewußtlos; er ist heimgekommen, dachte ich. Das Auto war vor unserer Tür stehengeblieben, zwei Männer besprachen sich; mit einer

Taschenlampe, da die Straße nicht beleuchtet war, stellten sie die Richtigkeit der Hausnummer fest. Ich öffnete ängstlich die Tür und sah zwei uniformierte Polizisten vor mir. Ich erinnere mich nicht mehr, was passierte, nachdem sie mich gefragt hatten:
»Sind Sie die Mutter von İnan?« Ohne die Antwort über die Zunge zu bringen, brach ich in Tränen und Geschrei aus, die Beine trugen mich nicht mehr, pausenlos fragte ich: »Ist ihm etwas zugestoßen, wo ist er jetzt?« Als die beiden Männer mich vom Boden hoben, eilte Sular nüchtern und gefaßt - wie sie schon immer war - zu mir, zog mich an, und wir wurden zum Krankenhaus gefahren. Noch wußten wir nicht, was ihm genau passiert war, bis wir in die Leichenhalle geführt wurden. Da lag er auf einer Pritsche, bedeckt von einem weißen Tuch, das völlig blutbefleckt war. Dort fiel ich in Ohnmacht, noch bevor das Tuch gehoben war und ich sein Gesicht erkannt hatte.
Die ganze Nacht und in den folgenden Tagen hatte sich Sular in dem Krankenhaus und bei der Polizei herumgeschlagen, Polizisten angebrüllt, war mit Papierstapeln von einer Behörde zur anderen gerannt, um die Mörder ihres Bruders, die ihn mit sieben Messerstichen an einer dunklen Straßenecke sterben ließen, herauszufinden und um die Beerdigung einzuleiten. Ihren Vater hatte sie nur per Telegramm über İnans Tod benachrichtigt, ohne ihn zu bitten, wenigstens dabeizusein. Er kam auch nicht. Unsere Nachbarn in ganz Kayaş trauerten mit uns, aber sein Vater kam nicht.
Die Beerdigungsmesse fand in der kleinen Moschee unserer Straße statt, in deren Hof İnan als Kind gespielt, wo ich ihn unter den Bäumen mit seinen Freunden gefunden hatte, Zigarettenstummel rauchend, die sie aus den Aschenbechern der Männercafés oder von der Straße aufsammelten. Während seine Leiche vor den für die Vergebung seiner Sünden betenden Männern lag, dachte ich an die Zeit meiner Un-

fruchtbarkeit, wie ich ein Kind wünschte - das kann man sich gar nicht vorstellen. Nun lag dieses Kind in der Blüte seiner Jugend dort. Zum ersten Mal verfluchte ich innerlich meinen Mann, der mit dem Versprechen uns nachzuholen in die Fremde ging, dann verfluchte ich mich selbst, daß ich ja der Dummkopf war, der ihn dazu angeregt hatte. Wäre er bei uns geblieben, wäre İnan vielleicht heute noch am Leben, dachte ich. Sular hielt mich fest, sie ließ mich keinen Augenblick allein. Unsere Blicke fielen mal auf das spielende Kind mit dem Lockenkopf, mal auf den auf der Holzpritsche liegenden leblosen İnan. Es regnete. Frauen begleiteten uns nach Hause, da wir Frauen den Friedhof nicht betreten durften. Ich flehte den Hodscha an, ihm wenigstens von weitem bei dem letzten Abschied zuschauen zu dürfen. »Es geht nicht, meine Tochter, es ist die schwerste Sünde«, antwortete er. Warum, weiß ich nicht.

Ich war nicht unter religiösem Druck aufgewachsen, nicht im Elternhaus, auch nicht später bei den Schwiegereltern. Im Dorf hatten die Menschen Überlebensprobleme, es blieb einfach keine Zeit für Frömmigkeit. Dennoch gab es etwas in mir, was ich nie ins Leben gerufen, was ich noch nicht an die Oberfläche aus meinem tiefsten Innern bewegt hatte - bis zu dem Verlust meines Sohnes, genauer gesagt, bis zu dem Moment der Beerdigung. Dort im Regen lag im Hofe der Moschee der Leib eines Menschen, den ich in meinem Leib getragen hatte, den ich aus meiner Brust trinken ließ. Nun lag er da! Der Schmerz verbrannte mich. Er war mit keiner Macht mehr zurückzuholen. Gottes Macht allein war gültig, er hatte es so gewollt. Gott hatte für ihn den Tod bestimmt und auch die Art und Weise, wie er sterben sollte. Warum ist er nicht Opfer irgendeines Schusses bei politischen Straßenauseinandersetzungen geworden? Es starben dreißig Menschen täglich in dieser Zeit bei den bürgerkriegsähnlichen Auseinandersetzungen. Gerade in unserer Gegend hatten die

Rechtsextremisten, mit Maschinengewehren bewaffnet, die Straßen erobert, belagert; sie schossen selbst auf ahnungslose Passanten. Warum mußte mein Sohn von einer billigen, das Nachtleben im Lande bestimmenden, korrupten, dreckigen Mafiabande ermordet werden? Was hatte dieser blutjunge Kerl ihnen getan? Vielleicht war er Zeuge ihrer schmutzigen Geschäfte beim Frauenhandel oder Waffenschmuggel geworden? Vielleicht wußte er zuviel, und deswegen mußten sie ihn um die Ecke bringen? Mein Kopf war benommen, ich schleppte mich dahin. Der Schmerz füllte mein Inneres mit Glut, ich unterdrückte die Flammen, suchte Trost bei dem Gedanken, bei den Worten des İmams: »Gott hat ihn zu sich genommen, der Herr möge ihm seine Sünden vergeben.« Am nächsten Tag entfernte Sular alle ihm gehörenden Gegenstände, sie verschenkte sie an andere in der Nachbarschaft, die wiederum sie wahrscheinlich gegen Plastikschüsseln bei den Zigeunern umtauschten. Die Nachbarsfrauen hatten zwei Zentner Helva gekocht, dazu einen Berg Fladenbrot gebakken. An der Straßenkreuzung setzten sie mich vor den Helvakessel, die nächste Verwandte des Verstorbenen mußte es verteilen.

So gab ich an die Passanten Helva mit Brot aus, damit Gott meinen Sohn reichlich segne. Kinder kamen aus der Schule, scharenweise; sie stürmten auf das Helva zu, mit Freude bissen sie in das Brot, ohne sich zu fragen, warum und woher es kam, spielend gingen sie dann ihren Heimweg weiter. Sie waren daran gewöhnt, denn an dieser Straßenkreuzung saßen öfter Frauen aus dem gleichen Anlaß um Helvakessel herum. Aus den anderen, reicheren Teilen der Stadt kamen hin und wieder Familienangehörige eines Verstorbenen mit ihren Helvakesseln in das Armengebiet Kayaş mit den alten Kleidern des Verstorbenen oder Geldspenden, um eine gute Tat zu vollbringen, um etwas fürs Jenseits zu tun. Dazu sind die Armen immer ein gutes Mittel gewesen. Um die Mittagszeit hatte ich Hochbetrieb, fast jeder Passant nahm einen Helvafladen mit auf den Weg. Als am Nachmittag der Inhalt des Kessels zur Hälfte verteilt war, kam eine Gruppe deutscher Touristen: Das Elend der Gecekondus scheint immer mehr eine touristische Attraktion zu werden. Eine unserer Frauen bot auch ihnen von dem Helvabrot an. Sie nahmen gerne an. Dann stellten sie sich in eine Reihe, schauten neugierig und stellten einander Fragen, spaßten und lachten und fotografierten uns; dann zogen sie mit strahlenden Gesichtern ab und winkten, bis sie um die Straßenecke verschwanden. Ohne Zweifel haben sie nicht gewußt, was der Anlaß dazu war. Sie werden sicher an eine fröhlichere Angelegenheit gedacht haben. Erst als die Deutschen weg waren, kam mir in den Sinn, daß ich sie ja nach meinem Mann hätte fragen können, vielleicht war einer von ihnen aus Duisburg, vielleicht arbeitete sogar einer dieser Männer auch bei den Thyssen-Werken Tisch an Tisch mit Kerem zusammen, vielleicht kannte eine der Frauen die Frau... Ooh!

Am 40. Tag nach der Beerdigung gehen die Knochen des Toten auseinander. Am 40. Tag mischt sich der Leib des Verstorbenen mit der Erde. Am 40. Tag wird des Verstorbenen zum letzten Mal gedacht. Gebetet und geweint wird am 40. Tag für ihn zum letzten Mal.

Die Totengedächtnisfeier fand in unserem Hause statt. Wie immer organisierten unsere Nachbarinnen wieder alles. Da der Mann unseres Hauses fehlte oder gar nicht existierte, war dies ein frommes Treffen unter Frauen. Eine weise Frau, Ümmiyehatun, die als Anführerin der Kadiribruderschaft bekannt war, sollte die Sache leiten. Frauen mit weißen Kopftüchern füllten das Haus, fromme Frauen, deren Gesichter hell wie durch das Gotteslicht beleuchtet, deren Augen fern jeder List und Sünde waren. Ein frischer angenehmer Rosenölduft zog durch die Räume. Dic Rosenkränze fingen an zu klappern, sonst war alles still. Die Neuankömmlinge bekundeten mir ihr herzliches Beileid. Als das Wohnzimmer nun bis zur Tür gefüllt war, fing Ümmiyehatun mit dem Rezitieren der Korantexte an, anschließend beteten wir gemeinsam um Vergebung der Sünden meines Sohnes und unser aller; zum Schluß kam der Predigtteil, dessen Inhalt je nach dem Anlaß des Treffens gewählt wurde. Aus tiefster Seele sprach sie über İnans Tod, doch der Mensch sei vergänglich, was bliebe, sei der Glaube an Gott und an die Taten für das Jenseits. »Darum, darum, liebe Schwestern, laßt uns beten für unsere Sünden, laßt uns unsere Seelen sich auf den Weg Gottes begeben und uns ihm widmen und nur ihm.«

Die Worte dieser Frau trafen mich zutiefst, plötzlich war mir bewußt geworden, was ich in all den Jahren versäumt hatte: die Gottesfurcht, das Glaubensgewissen - meine diesbezügliche Hohlheit beschämte mich unter diesen Frauen. Ich fühlte, wie klein ich war, wie nutzlos ich meine Jahre mit Selbstmitleid vergeudet hatte. Bislang war der Grund meines Jammerns die Trennung von meinem Mann, sollte ich nun mein weiteres Leben mit Jammern über den Tod meines Sohnes verbringen? Worin sollte ich in dem doppelten Schmerz einen Trost finden, wenn nicht in meinem Glauben? Während ich in diese Gedanken versunken war, gingen die Frauen zum letzten Teil des Gebets über. Sie waren im Nu in Trance geraten. Mit Inbrunst sangen sie: »Ya Allah.« Ihre mit weißen Kopftüchern bedeckten Köpfe bewegten sich rhythmisch wie die Gänseblümchen auf einem Feld, berührt von einem leichten milden Wind. Ihre Stimmen stiegen hoch, ihre Bewegungen wurden heftiger, sie hatten sich und ihre Umwelt völlig vergessen, bis Ümmiyehatun ihren Gesang verlangsamte, nach und nach wurden alle langsamer, und sie beendeten den lauten Gesang alle, alle wie abgesprochen auf einmal. Im Flüsterton ging ihr Gebet noch eine Weile weiter, dann hörten sie auch damit alle gleichzeitig auf. Mit einem kurzen Schlußgebet wurde die Zeremonie beendet. Langsam standen sie alle auf und gingen nacheinander weg. Ein letzter Abschied von mir mit dem Wunsch, mich ab heute unter sich zu sehen, dann gingen sie. Ümmiyehatun blieb bis zuletzt, sie wartete ab, um noch ein paar Worte mit mir zu wechseln. In dem kurzen Gespräch versuchte sie, mich zu der Überzeugung zu bringen, daß nun die Zeit gekommen sei, mich ihrer Gemeinschaft anzuschließen. Nur so könne ich den Schmerz um meinen Sohn stillen, innere Stärke gewinnen, das schwere Leben durch Gottesanbetung und totale Gottergebenheit bewältigen. Sie lud mich zu dem nächsten Treffen ein, sie persönlich wolle mich an dem Tag abholen kommen. Ich solle gar nicht hin und her überlegen. So trat ich in die Kadirigemeinschaft ein. Nur in der Geborgenheit der Frauengemeinschaft, in der tiefen Überzeugung, unter dem Schutz des Allmächtigen zu stehen, überwand ich den Schmerz um den Tod meines Sohnes. Ich bin jetzt ein treues Mitglied der Kadirigemeinschaft. Unser regelmäßiges Treffen an den Freitagen gibt mir jetzt, besonders jetzt, nachdem alle meine Nächsten mich verlassen haben, den einzigen Halt. Dies ist wie eine Schicksalsgemeinschaft. Den vielen anderen Frauen geht es ähnlich wie mir, entwurzelt aus der Heimat, verlassen im Elend der Gecekondus, arm und einsam.

Sular, die über meine Entwicklung tief unglücklich ist, schreibt aus Kars, daß das Elend in der Stadt, selbst im Gecekondu, nicht vergleichbar sei mit dem der Dörfer des Ostens. Ihre endlos langen Briefe, in denen sie die Umstände dort schildert, im fernen Osten Anatoliens, erinnern mich an meine eigene Kindheit. Sie schreibt, daß sich ganze Dörfer in den letzten Jahren völlig geleert hätten. Menschen hätten Land und Boden verlassen müssen wegen eines Staudammprojektes der Regierung, das in diesem Gebiet nun in Betrieb genommen würde. Selbstverständlich hätte man ihnen den Wert ihrer Eigentümer nach den Marktpreisen bezahlt. Viele

Bauern seien sogar froh gewesen, ihren Besitz so leicht losgeworden zu sein, um nach Westen in die Großstädte auswandern zu können. Monatelang hätte sie den Betroffenen lange Vorträge gehalten, ihr Land nicht zu verlassen, sich zu organisieren, Widerstand zu leisten. Doch die Bauern seien nicht zu halten gewesen, sie wollten um jeden Preis in die Städte, in das Elend der Gecekondus auswandern, ohne eine Vorstellung davon zu haben, was es heißt, hier in diesem Elend Fuß zu fassen. So weit es ging, hätte sie von dem Leben hunderttausender Menschen in Ankara erzählt, mit Tränen in den Augen hätte sie versucht, sie davon zu überzeugen, in ihrer gewohnten Umgebung zu bleiben. Es hätte nichts genützt. Nach und nach hätten die Menschen ihre Betten zusammengerollt und sich in die Züge Richtung Westen gesetzt.

Durch ihr Engagement verlor Sular ihre Stelle bei der Stadt, die Planungsbehörde kündigte ihr fristlos und beschuldigte sie gar, sie verbreite »anarchistische Ideen« im Volk. Sie dagegen nahm sich einen ihr gleichgesinnten Anwalt und bestand beharrlich darauf, ihre Stelle wiederzubekommen. Wie sie zuletzt berichtete, scheint es ziemlich aussichtslos zu sein. Sie will, auch wenn sie nicht wieder eingestellt wird, dort bleiben, will versuchen, eine andere Arbeit zu finden, vielleicht als Lehrerin, schreibt sie.

Sie war nach ihrem Studium nicht abzuhalten gewesen von der Idee, nach Ostanatolien zu gehen, dort ihre Erfahrungen, ihre Kenntnisse als junge Stadtplanerin einzusetzen. Sie glaubte fest an die Notwendigkeit ihrer Bereitschaft und ihres Idealismus. Ich hatte Angst wegen ihres jungen Alters, ihrer Lebensunerfahrenheit, noch dazu war sie als Mädchen besonders gefährdet.

»Was mache ich, wenn ihr etwas zustößt?« dachte ich.

»Mutter«, sagte sie, »ich bin stark, ich muß und werde meinen eigenen Weg gehen...«

Dilan Bacı

Der Sandstein wird in der Glut des Hochofens geschmolzen. Dort verwandelt er sich in ein so zartes, wasserklares Glas, daß man nicht glauben kann, dies seien einst Bruchstücke eines Felsens gewesen, den Wind und Sturm in Stücke rissen, den die wilden Meereswellen unermüdlich schlugen und schlugen. Der Felsen zerbrach in feine Körner; wenn er gewußt hätte, daß einmal aus den Stücken seines Herzens, aus diesem so unscheinbaren, zu nichts taugendem Sandstein das Feuer und die Glut etwas erschaffen würden, was dem Zauber des Sonnenlichts gleicht, was der Seele des Menschen gleicht: das Glas...
Unsere Tugend ist wie die Klarheit und Härte des Glases. Ohne zu brennen in Feuer und Glut, wird die Seele immer im Nebel bleiben. Dein Weg durch den Dunst wird sonst nie ins Licht führen, sondern in Finsternis. Brennst du, so verwandelt sich dein Schmerz - der manchen umkehren ließ, weil er so schwer zu ertragen war - in Glut. Nur so erreichst du das Licht, nur so verwandeln sich die Felsbrocken in Glas.
Weine nicht um des Todes willen, denn leben werden wir weiter, ob in der Seele einer Weintraube oder in der des Wurmes, der kaum vierzig Tage nach unserem Tode aus unserem eigenen Fleisch und Knochen ins Leben gerufen wird. Asche wirst du! Wie du aus der Erde kamst, wirst du zu Erde werden. Dein Blut wird sich mit deiner Asche vermischen. Zu Ton wirst du! Aus dem Ton wird eine Menschenhand einen Krug formen, der Krug wird brennen, brennen in

Feuer und Glut. Der Krug wird gefüllt mit dem Wein, der aus den Tränen einer Traube wurde. Du wirst mit dem Wein, nur mit dem Wein deinen Durst stillen. Denn Wein ist Leben.
Du fragst, wo denn das Wasser bleibt. Es ist hier ein winziger Tropfen Samen, der die Kraft besitzt, in der Fruchtbarkeit der Frau Leib und Seele zu erzeugen, und anderswo kann der Wassertropfen unübersehbare Ozeane bilden.
Die Kraft des Wassers bist du, denn die Menschenhand hat den Ton mit Wasser vermischt, sonst wärest du Asche geblieben. Weder der Samen noch das Ei erschaffen ohne einander das Wunder: den Leib und die Seele - den Menschen. So ist der Mutterleib das Bett des Lebens, wie die Erde.
Du fragst aber nicht, wo die Liebe bleibt: Ohne die Liebe zum Glas, zum Wein, zum Licht, ohne die Liebe der Frau zum Mann und des Mannes zur Frau, ohne die Liebe des Kindes zur Mutter, des Menschen zur Natur, zum Himmel, zur Erde, zum Wasser gibt es dich nicht. Du erschaffst den Menschen, so wie du den Stein meißelst, um daraus einen Grabstein zu machen, oder wie du die Erde knetest, um daraus einen Krug zu formen. Du erschaffst das Leben so wie den Tod. Und die Liebe ist der Motor dieser Mühle.
Hast du je gesehen, wie eine Eidechse um eine Windrose herumtanzt, um sie zu erobern? Bist du einmal noch vor Sonnenaufgang in einen Rosengarten gegangen? Wenn du es tust, verscheuche die Nachtigallen nicht, öffne deine Ohren, du wirst hören, wie die Nachtigallen um die Rosen weinen, welch zärtliche Lieder sie dichten, brennend in ihrer Liebe. Schau auf die Mohnblütenfelder, schau, wie die Mohnblüten sich mit ihren zarten gebeugten Brautköpfen dem Liebesgeflüster des Windes zuneigen. Sieh einfach die Liebe zwischen dem Himmel und der Erde an. Wie weit voneinander entfernt, doch so nah, so dicht, so erschaffend sind sie.
Und der Regen? Wenn die Sonne glüht, die Erde brennt, ist

der Regen nicht der Samen des Himmels? Beobachte einmal, wie sich ein Regentropfen mit einem heißen Staubkorn vereinigt. Du wirst solch eine Umarmung- als hätten die beiden Seelen tausende von Jahren auf diese Liebesnacht gewartet - nie für möglich halten. So siehst du, wenn das Auge deiner Seele offen ist, daß die Liebe die Kraft des Weltalls ist.

Das Gute im Menschen ist unerschöpflich. Wenn dies so ist, wirst du fragen, warum dann das Böse? All das Böse hat seine Quelle in dem Gefühl des »Ichs«. Bist du selbstlos? Du kannst es nur werden, indem deine Seele sich in Glas verwandelt. Dann bist du vereint mit der Gemeinde. Bist du nur ein »Ich«, so willst du all das Gute der Natur nur für dein »Ich« und wirst nie zum Glas, welches mit der Gemeinde verschmilzt. Und dieses, dein »Ich« ist dann fähig, seine Seele dem Bösen zu verkaufen, weil es all das Gute nur für sich selbst haben will. Denn sie will Macht, Macht über alles. Die Macht trennt das Gute vom Bösen.

Die Macht ist der Felsen, auch er will immer beherrschend bleiben. Aber ich sagte dir ja schon, die Zeit fließt seit Jahrtausenden. Welche Eisberge sind nicht geschmolzen seitdem? Welche Felsen sind nicht in diesem Zeitverlauf von ihren eigenen Felsbrocken angeschlagen worden? Später zerrieben ihn die Sandkörner, getrieben durch Wellen, die unermüdlich an die mächtigen Felsen brandeten, so daß immer mehr und unzählige Sandkörner sich von den Felsen lösten, um mit Abermilliarden Sandkörnern auf dem Wege der Wahrheit, sich verbrüdernd, gemeinsam, brennend zu Glut und schließlich zu einem klaren, geschliffenen Glas zu werden. So war es immer. Das ist der Verlauf des Lebens seit Urewigkeiten. Nichts hat die Kraft diesen Ablauf aufzuhalten.

Komm, ich will dir zeigen, du wirst es wissen; über uns Aleviten wird seit Jahrhunderten nur Böses gesagt. Kriege

brachten Massengräber seit Hunderten von Jahren. Überfälle forderten Blut, böses Blut wurde vergossen, seit Jahrhunderten unter Brüdern. »Im Namen Gottes« wurden Frauen geschändet, Kinder ermordet, Bräutigame kamen nicht zurück.
Böse, böse, böse Zeiten waren es. Vergiß nicht, dieses Unrecht geschieht noch, und dies unter Glaubensbrüdern. Du willst wissen, wieso denn diese Trennung zwischen Aleviten und Sunniten zustande kommen konnte, wenn alle an einen Gott glauben, seinen Propheten als seinen Gesandten, sein Buch als das Heilige Buch anerkennen? Ja, die Ursache liegt in der Geschichte. Du aber sollst in unsere Gemeinde kommen, du sollst mit deinen eigenen Augen sehen, erleben, wie wir Aleviten wirklich sind.
Die Abendsonne verschwand rasch hinter den Hügeln von Tuzluçayır. Mütter riefen ihre in Staub und Matsch spielenden Kinder mit Nachdruck ins Haus, Männer stiegen mit halbgefüllten Einkaufskörben müde, mit hängenden Schultern, beinah die Sorge einer ganzen Nation tragend, den steilen Hang hinauf, mit dem Gefühl: »Wieder ist ein Tag vergangen, unsere Hände aber sind leer«, mit einer Erschöpfung, als wollten die Beine nicht mehr. Es war inzwischen gänzlich dunkel geworden, nach und nach fielen die Türriegel vor, leuchteten die kleinen undichten Fensterchen der Gecekondus auf. Dieses Gebiet bis Abidinpaşa hinaus wird ausschließlich von Aleviten bewohnt. Aleviten, die fast alle aus demselben Grund, nämlich weil sie Aleviten sind - aus Erzurum, Diyarbakır, Sivas, Tunceli, Maraş, Çorum - nach Engürü, der ursprüngliche Name Ankaras, auswanderten.
Ein kleines Straßenschild trennt an der Kreuzung, am Fuß des Hügels die Wege. »Natoyolu«, dieser Weg führt zur Hauptniederlassung der Natosoldaten und in die Manövergebiete, der andere kleinere Weg zum Tuzluçayır. An dieser Kreuzung bogen Dilan Bacı und ich nach rechts ab, in

Richtung auf den Hügel von Tuzluçayır. Unterwegs erzählte sie mir, der Anlaß der heutigen Gemeindeversammlung sei eine Auseinandersetzung zwischen Nachbarsfamilien und fügte hinzu, die Mitglieder der Alevitengemeinden ständen einander nah wie Brüder und Schwestern, so daß keiner ein Geheimnis vor dem anderen hätte. Die Aufgaben der Gemeindeversammlung sei es, alle Mißverständnisse und Uneinigkeiten gemeinsam zu beraten und die Betreffenden zur Versöhnung zu bewegen. Da die Mitglieder der Gemeinde eng verbunden wären und sich mit ihrer Gemeinde identifizierten und wüßten, daß ihre Gemeinde ihre einzige Stütze sei, könne sich niemand den Beratungen entziehen oder Entscheidungen, die hier gefällt würden, entgegenstellen.

Mein Besuch war in keiner Weise angekündigt. Als Dilan Bacı und ich die Wohnstube betraten, standen dort die Anwesenden auf, denn sie war eine der ältesten Frauen ihrer Gemeinde. Sie stellten sich in eine Reihe, um ihre Hand zu küssen, Männer beugten sich mit einer besonderen Ergebenheit vor ihr. Männer und Frauen begrüßten mich ebenfalls mit Herzlichkeit und Wärme.

»Cemimize hoş geldin Saliha Can« - »Sei herzlich willkommen in unserer Versammlung.« Lauter warme, bescheidene Blicke umgaben mich. Wir saßen alle auf dem Boden. Die stille, freundliche Atmosphäre hüllte mich ein. Welch eine Quelle der menschlichen Liebe... Es sprach Liebe aus den Augen, von den Lippen, aus den Herzen, »Can« nannten sie mich, »Seele«. »Yerinden hoşnut musun? - »Sitzt du bequem?« »Bacı«, Schwester, und »Can«, Seele, waren die üblichen Anreden auch untereinander.

Das Zimmer füllte sich, die Jüngeren unter uns, sowohl Jungen als auch Mädchen, deckten die Tafel mit herrlich duftenden Köstlichkeiten, die Weinkelche und -krüge wur-

den aufgestellt, Frauen und Männer saßen auf flachen Kissen gemischt nebeneinander.
Meine Gedanken führten mich in diesem Augenblick zwangsläufig zwanzig Jahre zurück in jene kleine anatolische Stadt, in das kleine Lehmhaus, in meine Kindheit. Welch ein feindlicher Fanatismus trennte Frauen und Männer dort voneinander, wenn Familien einander besuchten. Wir hatten nur eine einzige Stube, so war es nicht möglich, Männer und Frauen in getrennten Zimmern zu empfangen. Wie vorbestimmt setzten sich die Frauen mit ihren Kindern in die dunkle Ecke der Stube, ihre Kopftücher fester ziehend, ihre Beine an den Körper drückend, mit scheuen Blicken. Während die Männer in ihrer Selbstherrlichkeit sich auf dem Diwan breitmachten, verstummten die Frauen immer mehr. Die Kommunikation verlief ausschließlich von Frau zu Frau, von Mann zu Mann. Wir waren Sunniten.
Zurück nach Tuzluçayır.
Die ganze Zeit fiel mein Blick immer wieder auf zwei leere Plätze im oberen Teil der Stube. Zwei Schaffelle lagen nebeneinander. Noch bevor ich Gelegenheit hatte, die Frage für mich selbst in Gedanken zu formulieren, für wen diese Sitze bestimmt wären, standen die im Zimmer Anwesenden wie auf einen Befehl auf. Dede und Ozan traten ein. Wieder die respektvolle, herzliche Begrüßung mit gebeugtem Oberkörper, die rechte Hand auf das Herz legend. Nachdem sich alle gesetzt hatten, verbeugten sie sich noch einmal fast bis auf den Boden, jeder die rechte Hand immer noch auf dem Herzen. Dede - der Gelehrte - ein Weißbärtiger, dessen Schnurrbart ganz bestimmt noch von keiner Schere berührt worden war, in einem feinen grauen Gewand, setzte sich auf seinen gewohnten Platz. Seine Hände waren fein, seine Finger lang und schmal, seine Augen leuchteten das Licht der Liebe und Weisheit. Ozan - der Dichter - war dagegen ein

Jüngerer. Sein leichter Gang durch die Stube entfachte einen Sturm in den Herzen der Mädchen.
Ich war fremd unter der vertrauten Menge, dies war ein Anlaß für Ozan, mit einem Vierzeiler, für mich in diesem Augenblick gedichtet, mir herzlich willkommen zu sagen. Der zarte Klang der Saiten und seine tiefe Stimme streiften meinen Körper und meine Seele in einer unbeschreiblichen Weise. Unsere Blicke trafen sich, als der Vierzeiler endete. Ich war beschämt angesichts so hoher Aufmerksamkeit und tiefer Liebe, die mir, einer fremden Person, noch dazu aus einer ihnen entgegenstehenden islamischen Sekte, geschenkt wurde.
Nach dem gemeinsamen Essen - wir waren etwa zwanzig im Zimmer und haben, versammelt um eine runde Holztafel, auf dem Boden gesessen - wurden die Weinkelche nachgefüllt. Die Frau des Hauses entschuldigte sich bei mir wegen der nicht besonderen Qualität des Weines, und sie erzählte von ihren Weinfeldern in Banaz, ihrem Geburtsort, einem Dorf im Bezirk Tunceli, von der Weinernte und dem guten Wein, den sie selbst herstellten für den Eigenbedarf.
Dede eröffnete die Versammlung mit dem Segen der zwölf İmame: Ali, Hasan, Hüseyin, Zeynelabidin, Muhammed Bakir, Cafer-i Sadık, Musayı Kasım, Ali Rıza, Muhammed Takı, Ali Nakı, Hasanil-askeri, Muhammed Mehdi.
In mir wuchs die Spannung auf den Höhepunkt; das lange Hocken auf den Knien machte mir Probleme, meine Füße waren eingeschlafen, ich schämte mich. Ich wollte mit Leib und Seele dabei sein, alles in mich aufnehmen, jedes Wort behalten, die Lehre der Aleviten, den Segen der zwölf İmame, die Liebe dieser Menschen, die ich als Licht auf meinen weiteren Lebensweg mitnehmen wollte.
Zum einen, da der wichtigste Punkt der Tagesordnung die Schlichtung der Auseinandersetzung zweier Nachbarn war, zum anderen veranlaßt durch meine Anwesenheit, berichte-

te Dede noch einmal ausführlich von der Entstehungsgeschichte der Trennung zwischen Aleviten und Sunniten. Noch einmal, weil dies das Allererste ist, was jeder von ihnen gut wissen muß. So war gesichert, daß die Geschichte immer wieder erzählt wurde.
Bevor er begann, gab er das Wort Ozan... Das war üblich. Er stimmte sein Instrument auf ein Lied, das gemeinsam gesungen wurde. Es ging in dem Lied um Huseyn, den jüngeren Sohn des Propheten Ali, der in der Wüste von den Sunniten ermordet wurde. Am meisten weinten die Aleviten um den dritten İmam, Huseyn, dessen Geschichte Dede uns anschließend sehr ausführlich erzählte.
Die Tür der Stube wurde fest verriegelt, die Weingefäße waren wieder gefüllt worden; man umfaßte die Tonkelche mit beiden Händen, hob sie langsam hoch an den Mund, trank drei kurze Schlucke, und sie wurden wieder langsam und respektvoll auf den Boden gesetzt. In dieser Zeremonie erst lernte man die Bedeutung des Geistes, der im Wein steckt, begreifen: »Weine nicht des Todes wegen, denn leben werden wir weiter in der Seele einer Traube... der Krug wird mit dem Wein, der aus den Tränen einer Traube entstand, gefüllt. Du wirst mit dem Wein, nur mit dem Wein deinen Durst stillen, denn Wein ist Leben. » Als ein Auge, ein Ohr, ein Herz, eine Seele, ein Leib hörten wir Dede zu. Er legte seine Hände auf den Boden, beugte seinen Kopf und rief »bismirşah« und begann zu erzählen:
»Horche auf die Geschichte, wie die vor Jahrhunderten aus der Machtbegierde eines Bösen entstandene Trennung zwischen Menschen heute zur Ursache von Kriegen und Vernichtung von Völkern werden konnte:
Ali war ein kleiner, dunkelhaariger, ein kluger Junge. Seine Augen glichen zwei glühenden Perlen, seine Hände dem Samt. Er wurde 599 nach Christus als Sohn des Abdulmuttalip, der ein unentbehrlicher weiser Mann des Clans Kureyş

war, in der Wüste geboren. Mutter Fatima gehörte einem anderen Clan an. Fatima hatte eine ganze Horde Kinder geboren, viele starben. In der Wüste waren die Menschen arm, es gab wenig Wasser. Mohammed, der ein Neffe des Abdulmuttalip war, wurde von ihm, seinem Onkel und Fatima aufgenommen. Mohammed war ebenfalls ein Kind, als er seine Mutter und seinen Vater verlor. Mohammed wuchs dort, in diesem Hause, mit seinem jüngeren Cousin Ali auf, der ein Nachkömmling, so der Geliebteste von all seinen Geschwistern war. Fatima war gut zu Mohammed. Sie trennte ihn nicht von ihren eigenen Kindern. Mohammed und Ali wurden während ihrer Jugend und auch als Erwachsene zwei sehr enge Vertraute. Später heiratete Mohammed die reiche, ältere Frau Hatice. Zu diesem Zeitpunkt überfiel die Armut den Clan von Abdulmuttalip. Er wurde alt und konnte seine Familie nicht mehr ernähren. Mohammed, dem es inzwischen durch seine Ehe mit Hatice ja besser ging, übernahm die Erziehung seines Lieblingscousins Ali. Er nahm ihn in sein Haus auf. Ali war zu diesem Zeitpunkt zwölf Jahre alt.

Mohammed selbst entwickelte sich im Laufe der Jahre zu einem gelehrten, weisen Mann. Er wurde zum Propheten berufen und seine Pflicht war, die Einzigartigkeit Gottes unter der Menschheit zu verbreiten, denn die Menschen beteten damals Götzen an. Ali war der nächste, der nach der Ehefrau des Mohammed an die Lehren des Islam glaubte, denn er hatte ein grenzenloses Vertrauen in die Person Mohammeds und zu seinem Wissen.

Der Kampf, die Menschen von dem Richtigen, Guten und Schönen zu überzeugen, war schon immer nicht leicht. Mohammeds Kampf war zunächst, den Menschen den richtigen Weg zu weisen. Alis Vertrauen und Überzeugtheit war für ihn eine unentbehrliche Stütze. So machte Mohammed öffentlich Ali zu seinem Vertreter. Ali folgte von nun an

überall Mohammed; in den schweren Kriegen, bei Niederlage und Sieg war er seine rechte Hand.
Mohammeds Liebe und Vertrauen zu Ali veranlaßten ihn, ihm seine Tochter Fatima zur Ehefrau zu geben. Aus dieser Ehe entstammten zwei Jungen: Hasan und Huseyn. 632 nach Christus starb Mohammed. Dies war ein schwerer Schlag für Ali. Ein halbes Jahr später starb Fatima, seine Lebensgefährtin, seine liebe Frau. Der Schmerz über die beiden Tode bewog ihn, sich in Abgeschiedenheit verstärkt mit der Lehre des Islams und mit dem Koran zu beschäftigen.
Nach dem Tode Mohammeds wurde Ebubekir von der Mehrheit der Gemeinde als Nachfolger, als Kalif gewählt. Die engsten Anhänger von Mohammed aber wollten ihn nicht als dessen Nachfolger anerkennen. Sie wollten Ali. So erklärten sie den Krieg. Ali jedoch überzeugte seine Anhänger von der Gültigkeit der von der Mehrheit angenommenen Wahl und fügte sich der Führung Ebubekirs. Er selbst beschäftigte sich mit der Sammlung der Korantexte, predigte den Menschen den rechten Weg des Glaubens. Viele Menschen bekannten sich zu dem Zeitpunkt zum Islam; Medina wurde eine muslimische Stadt. Ebubekir starb. Sein Nachfolger wurde Ömer. Ali zeigte auch ihm gegenüber viel Güte und war ihm eine verläßliche Stütze in der Führung. Ömer wurde heimtückisch ermordet, und Osman übernahm seine Stellung. Ali beriet ihn ebenfalls. Er plädierte für Gerechtigkeit als Voraussetzung einer guten Führung. Osman war ein schwacher Staatsmann. Er gab wichtige Stellungen, führende Positionen den Männern der Emeviten, von denen er abhängig war. In den Gemeinden wuchsen Unruhe, Ungerechtigkeit, Bestechung auf der einen, die Proteste in der Bevölkerung auf der anderen Seite. Auch Osman wurde Opfer eines heimtückischen, auf Machtgier beruhenden Überfalls. Auf das Drängen der Mehrheit übernahm Ali nun die Aufgabe des Kalifen. Er reinigte das Land im Namen des

Volkes gnadenlos von den Wucherern, Dieben und Unruhestiftern. Das Volk ehrte ihn mit dem Namen »Gotteslöwe«, weil er auf seiner Seite war. Ich sage euch, jede Führung, die nicht auf seiten des Volkes ist, ist zum Untergang verurteilt. Die aber auf seiner Seite sind, haben Feinde, und sie werden sie immer haben, weil ihre Machtgier die Feinde blind macht. Ali wurde eines Abends in der Moschee von dem giftigen Schwert seiner Feinde erschlagen. Er kämpfte drei Tage mit dem Tod und erlag dann seinen schweren Kopfwunden. Selbst auf seinem Todesbett predigte er seinen Söhnen: 'Seid nicht einmal gegen den Tyrannen grausam; unser Glaube befiehlt die grenzenlose Gerechtigkeit und Güte'.
Er starb im Herbst des Jahres 661 nach Christus. In der kleinen Oase, in der sein Grab liegt, entstand die Stadt Necef. Die Kämpfe dauerten an, noch zu seinen Lebzeiten war von seinen Gegnern Muaviye zum Gouverneur der Stadt Damaskus ernannt worden. In Damaskus, Basra und Nehrivan gab es Kämpfe, die reine Machtkämpfe waren. Hasan, der ältere Sohn Alis, versuchte, diesen Kämpfen ein Ende zu bereiten, Frieden zu schließen. Dies kostete ihn den Kopf. Muaviye hatte Hasans Frau mit kostbarer Ware bestochen, und sie vergiftete ihren Mann. Hasan wußte, daß er mit seinem Feind Tisch und Bett geteilt hatte. Nicht ein böses Wort verlor er über die Tat seiner Frau. Er sagte nur: 'Gott möge sie nicht wegen ihrer Sünde bestrafen.' Mit diesen Worten schloß Hasan seine Augen.
Die Machtkämpfe der Gegner ließen den Gemeinden keine Ruhe. In Damaskus wählte Muaviye noch vor seinem Tode als seinen Nachfolger Yezid. Huseyn, Alis zweiter Sohn, nun der letzte direkte Angehörige der Familie Mohammeds, war in Medina geblieben. Huseyn und seine Anhänger wollten Yezid nicht akzeptieren. Yezid aber schickte Befehle nach Medina: Wer sich seiner Macht nicht beuge, solle geköpft werden. Huseyn und seine Anhänger blieben bei ihrem

Widerstand, doch er fürchtete, daß der Feind sein Volk in Medina überfallen und ein entsetzliches Blutbad anrichten würde. Dem zu entgehen, verließ Huseyn Medina in Richtung Irak. Yezid, dessen Macht und Staatsautorität trotz aller Drohungen von Huseyn und seinen Anhängern nicht akzeptiert wurde, überfiel mit 30 000 Mann ihn und seine Gefolgschaft in der Nähe von Kerbela.
Der Euphrat fließt durch Kerbela, doch der Fluß war von den Soldaten besetzt. Huseyns und seiner Anhänger Tod durch Verdursten war damit besiegelt. Der Befehl lautete: 'Kein Tropfen Wasser denen, die sich nicht ergeben!' Frauen und Kinder verdursteten in den glühenden Zelten. Der Euphrat floß seinen gewohnten Weg. Die feindlichen Soldaten und ihre Pferde tranken von seinem Wasser. In der glühenden Hitze verdunstete selbst das Blut in den Adern. Kerbela ist Wüste, Kerbela ist Sand, Kerbela ist der Tod selbst. Huseyn konnte nicht zusehen, wie die Menschen, die ihm bis in den Tod ihre Treue erwiesen, nach und nach vor ihm starben. Ein Säugling starb in seinen Armen. Die Brüste der Mütter waren vertrocknet.
Auf der einen Seite mußte Huseyn mit seinen Söhnen sich des Angriffs des Feindes erwehren, auf der anderen Seite dem Tod durch Durst, der immer mehr Opfer forderte, Einhalt gebieten. Sein Schmerz über die Sterbenden bestärkte ihn, die wenigen am Leben Gebliebenen zu retten. So ritt er zum Euphrat, um Wasser zu holen. Unterwegs erschlug er mit seinem Schwert zwei feindliche Soldaten, die ihn zu hindern suchten.
Während er unterwegs war, wurden seine Zelte endgültig überfallen. Ihn selbst traf ein Pfeil an den Mund, er fiel vom Pferd, mehrere Pfeile folgten. Er lag durchlöchert dort, allein. Die Feinde hieben - um sicherzugehen - mit dem Dolch auf ihn ein. Huseyn hatte noch immer seine Seele nicht aufgegeben. Eine Hand hob sich, um ihm den letzten Todes-

stich zu versetzen, doch die Augen Huseyns glänzten, sie zeigten keine Spur von Angst vor dem Tod. Der Feind erschrak vor dieser Kraft. Um nicht in diese Augen sehen zu müssen, drehte er den blutenden Körper des Huseyn um und trennte seinen Kopf vom Rumpf.
Die Bücher schreiben, es war ein Freitag im Jahre 680 nach Christus. Kerbela ist jetzt ein Paradies, berichten die Besucher. Huseyn liegt in Kerbela, sein Mausoleum sei ein einzigartiger Rosengarten, sagen sie, geschmückt mit seltenen Edelsteinen, die die Augen blenden. Millionen Menschen kommen jährlich, um an Huseyns Grab den seit Jahrhunderten anhaltenden Schmerz zu stillen. Denn mit seinem Tod endete nicht der Krieg zwischen den Anhängern Alis und den Sunniten. Der Schmerz verbrennt unsere Herzen, er läßt sich nicht mit Tränen mildern. Wo immer die Aleviten hinwanderten, ansiedelten, wurden sie verachtet. Schlecht wurde über uns geredet. Der Aufstand in unseren Herzen richtet sich nicht gegen die bösen Zungen, die die Brudervölker, die allesamt Moslems sind, aufeinander hetzen, sondern dieser Aufstand gilt der historischen Ungerechtigkeit der Menschheit allgemein. Gott ist eins für uns alle, Mohammed ist unser Prophet, Ali war sein Schwiegersohn, Hasan und Huseyn waren seine Lieblingsenkel, und wir alle glauben an eine Religion. Könnte es, dürfte es eine solche feindliche Trennung zwischen den Gläubigen und den Menschen überhaupt geben, wenn nicht die Machtpolitik die Ursache wäre? Laßt uns als Brüder und Schwestern unsere Kelche einander reichen, auf die Liebe, die Brüderlichkeit, auf den Frieden unter uns und in der ganzen Welt.
Dedes Kelch wurde unter uns von Hand zu Hand herumgereicht. Jeder nahm einen Schluck. In eine nachdenkliche Stille waren wir versunken, Dedes Erzählung hatte uns vierzehn Jahrhunderte zurückgeführt und sie uns miterleben lassen. Der Abend war fortgeschritten. Unter den Männern

gab es Fabrikarbeiter, die fast zwei Stunden brauchten bis zu ihrer Arbeitsstelle; das bedeutete, noch vor Morgengrauen aufzustehen. Auch die Frauen mußten sich, noch vor Tagesanbruch, auf den Weg zur Universitätsklinik machen, um dort zwölf Stunden Wäsche zu waschen. Kinder mußten zur Schule - auch der Weg zu der nächsten Schule war weit. Ozan nahm sein Saz wieder, die Saiten erklangen zum Abschied, die Schlußworte des Liedes waren mir gewidmet:
»Nun bist du eine von uns, Saliha Can, nun gehörst du zu unserer Gemeinde, bist eine von uns. Komm, komm immer wieder, komm!«
Ich war plötzlich traurig gestimmt, mit dem Gefühl jener Menschen, die erst zu spät erkennen, daß sie in der Leere und umsonst gelebt oder zumindest das Wichtigste in ihrem Leben verpaßt haben. So beschloß ich widerwillig den Abend. An der Haustür verabschiedete sich Ozan als letzter von mir, er nahm meine rechte Hand zwischen seine beiden Hände: »Sei nicht traurig, Saliha Can, du wirst wiederkommen, du hast einen Platz an unserer rechten Seite.« Ich löste meine Hand rasch von der seinen. Wer weiß, wann ich je wieder unter ihnen sein würde. Doch das war jetzt der allerschlimmste Gedanke für mich: mein geistloses Dahinvegetieren in Deutschland, die Rückkehr in die vier Wände meiner Einsamkeit. Meine Wirtin, die die Aggressionen ihres unbelehrbaren Nazigeistes an mir abläßt, weil sie überzeugt ist, etwas Besseres zu sein als eine Türkin. Nein, nein, tausendmal nein, denk nicht daran!
Die Wege waren in den wenigen Stunden völlig verschneit. In den meisten Gecekondus schliefen Kinder, einander wärmend, verschlungen; vielleicht träumten sie von einem schönen Kleid, vielleicht von einem Märchenbuch, in dem alle Wünsche wahr werden, vielleicht von einem Stück Schokolade, vielleicht von dem bösen Mathelehrer, von

Zeugnissen. Wer weiß, was ihre kleinen Herzen beschäftigte, wovor sie Angst hatten.
In Dilan Bacıs Haus schliefen schon alle: Ihre Tochter, ihr Schwiegersohn und ihre vierjährige Enkelin Türküler, alle in einem Zimmer. Sie hatte ihr eigenes Bett für mich hergerichtet. Auf die letzten Glutstücke im Eisenofen warfen wir noch ein paar Briketts, damit die Wärme ein paar weitere Stunden anhalte. In Wolldecken eingewickelt, aneinandergekuschelt, saßen wir auf ihrem Bett, sie erzählte von sich, streichelte meine Haare, ich erzählte von mir. Was sie erzählte, gebe ich hier weiter.
Das hier ist noch keine Kälte, Can, dies ist kein richtiger Winter. Uii, die Winter meiner Kindheit, wo soll ich anfangen, wo aufhören, Saliha Can? Willst du nicht lieber schlafen, du wirst dich langweilen bei meinen Erzählungen, denn meine Zunge schafft es nicht, rechtzeitig aufzuhören, wenn sie einmal begonnen hat zu erzählen. (Wie könnte ich die Augen zumachen, jetzt, gerade jetzt?)
Meine Erinnerungen gehen zurück bis zu einem Haus, das für mich das schönste Haus war, zu einem stolzen Berg, der der höchste Berg der Erde sein mußte, dessen Spitze sommers wie winters mit Schnee bedeckt war. Wenn dann im Winter der dicke Schnee schmolz, blühten auf unseren Weiden tausenderlei Blumen. Die vertrockneten Flußbetten füllten sich wieder mit Schneewasser, Lämmer wurden geboren, Leben, Leben, wieder kam Leben ins Dorf. Der Frühling war die schönste Jahreszeit. Denn der Winter bedeutete für uns Hunger, Krankheiten, Tod. Wölfe umstrichen unsere Dörfer, dies war schlimmer als die Überfälle der Bergräuber. Denn wenn die Wölfe ausgehungert die Dörfer belagerten, konnten wir uns schwer mit Steinen und Stöcken wehren. Sie griffen Vieh und Mensch direkt an. Wenn sie kamen, kamen sie als eine Horde, überfielen ein einziges Haus, als hätten sie sich abgesprochen. Niemand konnte wissen, welches Haus es

sein würde. Sie schlichen sich still ins Dorf ein, umzingelten das Haus. Ihrem Geruchssinn folgend, griffen sie erst den Stall an. Wenn die Stalltür sicher genug zugestemmt war, wandten sie sich an die Haustür; wenn sie es aber geschafft hatten, in den Stall hineinzukommen, so hinterließen sie kein lebendes Tier. Sie rissen alles in Stücke. Was sie verschlingen konnten, fraßen sie, was sie nicht mehr fressen konnten, schleppten sie mit in die Berge. Wir erwachten erst von dem Geheul, mit dem sie das Dorf verließen, wenn es schon zu spät war. Selten gelang es uns, sie vor ihrem Überfall anzugreifen, auf sie zu schießen oder mit Feuerfackeln, noch bevor sie das Dorf erreichten, sie wegzuscheuchen. Wachen waren zu organisieren, den ganzen Winter über mußte Wache gehalten werden. Manchmal gelangten sie an kein Haus, da alles völlig verschneit und vereist war. Ganze Eisblöcke bildeten sich an den Hauseingängen, an den Fenstern, in wenigen Stunden, so daß Eis und Schnee die Dächer miteinander verbanden. Keiner wagte sich in diesen Tagen aus dem Haus. Nur in Notfällen, bei Krankheiten, Tod oder wenn die Nahrungsmittel ausgingen, durchbrachen wir das Eis vom Inneren des Hauses her mit der Axt, um nach draußen zu gelangen. Mit eisernem Willen und gegenseitiger Hilfe konnte der erbarmungslose Winter überlebt werden. Die, die nicht überlebten, wurden erst in Schnee und Eis begraben, bis das Eis sich löste und wieder Gräber ausgehoben werden konnten.

Der Tod war in den Wintermonaten Teil unseres Lebens. Der Tod war so natürlich wie Essen und Trinken, wie das Leben selbst. Für manche war es die Erlösung von ihren Leiden. Der Schmerz durch einen natürlichen Tod war für den Menschen immer leichter zu ertragen als der, der durch Menschen verursacht wurde.

So waren die Opfer der Raubüberfälle doppelt Opfer durch unsere Armut. Oft hatten wir im Sommer nicht genug Nah-

rungsmittel zum Lagern, konnten selbst kaum die Wintermonate überleben. Wenn dann die Räuber unsere Häuser überfielen, beschworen wir sie, daß wir selbst nichts hätten und zeigten unsere leeren Vorratslager. Sie aber glaubten, wir versteckten die Nahrungsmittel unter der Erde. Auf der Suche nach der Öffnung zu dem Geheimlager schlugen sie alles kurz und klein, sie schossen auf einen, dann auf den anderen, um uns Angst einzujagen, zu beweisen, daß Menschenleben ihnen nicht wichtig wären. Wenn sie nichts Eßbares fanden, nahmen sie Wertvolles wie Teppiche, Gewehre, Pferde mit sich. Mit tierischem Zorn ließen sie unser Elend hinter sich, Verletzte, Tote, Angst... Ausgehungerte Menschen, ausgehungerte Wölfe, Tote brachte jeder Winter mit seiner grausamen Härte; mühsam Überlebende, Abgemagerte, Kranke, um Jahre Gealterte gelangten an den Frühling. So war die Freude des Frühlings wie eine Erlösung. Das Gefühl, wieder einen Winter überstanden zu haben - trotz allen Schadens - läßt sich kaum beschreiben.
Nun mußt du schlafen, Saliha Can, es ist bald Morgen. Schlaf ein paar Stunden, ruhe dich aus, ich werde noch viel, sehr viel erzählen, schlaf erst einmal...
Sie deckte mich fest zu, ich kuschelte mich an ihren Körper; in ihrer großmütterlichen Wärme schlief ich ein.
Am nächsten Morgen, als ich aufwachte, stand Türküler, Dilan Bacıs jüngste Enkelin, an meinem Bett mit ihrem Kinderbuch »Heidi im Dörfli«. Sie hatte kaum mein Aufwachen abwarten können. Ich sollte ihr vorlesen. Ihre Eltern waren zur Arbeit, ihr Großvater lag im Krankenhaus, ihre Großmutter konnte die feine Druckschrift nicht entziffern. Türküler freute sich über jeden Besuch, der ihr die Kinderbücher vorlesen konnte. Dilan Bacı hatte die Frühstückstafel wahrscheinlich schon vor Stunden bereitgestellt und mochte mich nicht wecken. Und womöglich hatte sie selbst kaum geschlafen, nicht gefrühstückt, nur auf mich gewartet. Wie

versprochen las ich Türküler beim Frühstück Heidis Geschichte vor. Während ich las, gingen meine Gedanken hin und her zwischen der heilen Welt des Alpendorfs, in dem Heidi lebte - die Abbildungen in dem Buch waren illusorisch wie die Geschichte selbst, verschwommen - und diesem Elendsviertel einer Metropole, in dem Türküler lebte. Wie grotesk war die Wirklichkeit! Wie früh begann man, unser Leben durch Manipulationen zu bestimmen! Jetzt war Türküler ahnungslos, später würde sie machtlos den Manipulationen ausgesetzt sein. Als die Geschichte zuende war, zog sie in Gedanken in jenes Alpendorf, spielte mit Heidi auf den Wiesen; sie nuckelte am Daumen, ihre Augen sahen uns nicht, sie hatten auch nie die Bilder in dem Buch gesehen. Ich habe sie ihr beschrieben, die schneebedeckten Berge, die Tannenwälder, die Wiesen. Türküler war von Geburt an blind. Wie mag sie sich diese Dinge vorgestellt haben? Im Kohleofen knisterte das Anbrennholz, bald würde das Knistern verstummen, wenn die Kohlen Feuer gefangen hätten. Auf dem Ofen blieb die Teekanne stundenlang warm, die schmalen Teegläser wurden im Laufe des Tages unzählige Male geleert und nachgefüllt. Es war still um uns herum, ungewöhnlich still. Dilan Bacı führte ihre Erzählung fort:
Kahlgeschorene Buben, nachtäugige, vierzigzöpfige Mädchen, deren Zahl nicht einmal unsere Eltern richtig wußten, wuchsen in unserem Haus auf, viele starben, andere wurden nachgeboren auf diese finstere Erde. Wir lebten mit der Angst vor der Belagerung durch Wölfe und Bergräuber. Vor allem hatten wir Angst vor den Soldaten, Uniformen und Gewehren. Wie oft in der Geschichte hatte die Erde unserer Dörfer das Blut unterdrückter Aufstände getrunken... Wie oft waren unsere Dörfer in Brand gesetzt worden!
Es finden sich immer weniger von jenen alten Männern und Frauen, die noch als Augenzeugen von diesen Aufständen erzählen könnten.

Im Winter 1937/38 erhob sich nicht zum letzten Mal in der republikanischen Geschichte ein Aufstand. Der Aufstand von Dersim. Ich muß vier oder fünf Jahre alt gewesen sein. Ein Kind in diesem Alter vermag noch nicht die ernsthaften Dinge, die um Leben und Tod gehen, zu begreifen. Die Schüsse, die Toten, die brennenden Dörfer, die vor den Mördern fliehenden Menschen, Kinder und Frauen, das Gebrüll der brennenden Tiere und der Brandgeruch, der aus den Ställen kam, und Uniformen und wieder Schüsse aus den Bergen sind meine einzigen Erinnerungen an diesen Winter. Dann sehe ich eine Frau meine eisigen Füße wärmen, es ist nicht meine Mutter. Im Frühjahr wurden die überlebenden Bewohner aus unseren Dörfern aufs ganze Land verteilt, umgesiedelt. Mich nahm eine Frau auf, die ihre Kinder bei diesem Aufstand verloren hatte. Ich hatte durch den Schock das Sprechen verlernt. Bis zum Zeitpunkt der Aussiedlung rannte ich jeden Tag zwischen den verbrannten Menschen- und Tierleichen zu unserem völlig eingeäscherten Haus, in der Hoffnung, wenigstens eine Person von meiner Familie wiederzufinden. Ich suchte und wartete vergeblich. Ich setzte mich auf einen Stein, weinte und weinte. Der Schmerz konnte sich nur in Tränen verwandeln in meiner Sprachlosigkeit und Ohnmacht. Es dauerte sehr lang, bis ich wieder von neuem sprechen lernte. Lange nach jenem Winter und Frühjahr fing ich an, Menschen zu suchen, die mir von diesem Winter erzählen sollten. Lange wußte ich nicht, wo ich war, was geschehen war, was ich hier unter mir völlig fremden Leuten suchte. Niemand hat es mir erzählen können. Warum schwiegen die Menschen über etwas, was geschehen war, etwas, das Menschenleben erforderte, etwas, das ganze Gegenden in Asche und Schutt verwandelte? Werden kommende Generationen davon überhaupt erfahren? Wenn ja, wie wird die Geschichte darüber berichten?
In einem kleinen Städtchen an der syrischen Grenze, zwi-

schen der Moschee und der Kirche, hinter dem winzigen Wochenmarktplatz, in einem mit holzverzierten Balkonen geschmückten Häuschen, unter lieben, aber mir lange fremdgebliebenen Menschen, deren Sprachen ich erlernte, wo ich aufwuchs, suchte ich noch weitere Jahre nach meiner Vergangenheit. Über Jahre hin durchforschte ich mein Gedächtnis nach Erinnerungen, ich suchte nach Bildern, die ich wie ein Puzzlespiel zusammenzustellen probierte. Ein lückenloses Bild meiner kurzen Kindheit kam nie zustande. Bruchstückhafte Vorstellungen rufen mich noch heute zurück in jenes Dorf, dessen Name heute nicht einmal auf der Landkarte zu finden ist.
Wenn in jedem Frühling die christlichen Familien in der Nachbarschaft ihre Osterfeier vorbereiteten, erinnerte ich mich an die Frühlingsfeste in unseren Dörfern. Der Frühlingsanfang wurde bei uns als Rückkehr des Lebens gefeiert - ein fröhlicher, freudiger Feiertag. Navruzfest war der größte Feiertag überhaupt, denn wir hatten nicht die gleichen Feste wie die Sunniten und hielten uns nicht an die Fastenzeiten. An diesem Tag wurde nicht gearbeitet; ein herrliches Fest war es. Jedesmal eine unbeschreibliche Freude, wenn Frauen und junge Mädchen federleicht, lebensvoll, beschwingt auf den Feldern Lieder sangen, Blumen sammelten. Abends brannten auf den Dächern Holzfackeln. In der stockdunklen Nacht schien der Himmel glasklar durch das Licht, das von den Dächern kam. Nach dem gemeinsamen Abendessen sangen und tanzten Frauen und Männer zusammen. Die Abende waren kühl. Um den Schein des Feuers bis zuletzt zu sehen, saßen wir vor unseren Türen; eingewickelt in Decken, kuschelten wir Kinder uns an unsere Mütter und bewunderten die Kraft des Feuers und des Lichts, bis es erlosch.
Es ist nicht viel, was in meinem Gedächtnis als Erinnerung zusammenkommt. Dann taucht in mir immer wieder die

Frage auf, warum, weswegen waren diese Aufstände? Manche sagen, die Franzosen hätten ihre Finger dazwischengehabt, andere sagen, die alevitischen Scheichs und Großbauern hätten die Bauern zum Aufstand gehetzt, wiederum andere beschuldigen die alevitischen Bauern, sie hätten Unruhe gestiftet. War die Ursache eine Frage der Politik, des Glaubens? Keiner weiß es! Keiner sagt es!

Je älter ich wurde, desto beharrlicher fragte ich die Erwachsenen in meiner Nähe, meinen Lehrer, unseren Pfarrer, die älteren Leute: Woher komme ich, wo sind meine Eltern? Selbst meine neuen Eltern konnten mir keine klare Antwort geben. Wie in einem fremden Land kam ich mir vor, ich verstand die Sprache dieser Menschen nicht, ihr Glaube war mir so fremd wie ihre Feste, ihre Sitten. Sie waren Christen, sie sprachen arabisch. Ich lernte ihre Sprache. Unmittelbar in der Nachbarschaft waren auch sunnitische Familien, sie sprachen türkisch, auch ihre Sprache lernte ich schnell von den Kindern. Wenn wir Kinder auf der Straße spielten, war es ein Religions-, Sprach- und Kulturwirrwarr sondergleichen; ohne ein Zeichen meiner Herkunft mischte ich mich unter sie. Ich ging mit ihnen in die Schule, ich lernte ihre Speisen mögen, ich lernte das Lachen wieder. Ich feierte mit ihnen Ramadan und das Osterfest. Nur feierte niemand in der Gegend unser Navruzfest, auf den Dächern brannten keine Feuerfackeln. Die Lichter fehlten mir, in mir war es stockdunkel wie in einer Kirche ohne Kerzen.

Im Herbst desselben Jahres der Auswanderung kam der Krieg! An jenen Tagen wurden die Fensterläden früher abgedichtet. Männer rechneten untereinander ihre bald verjährten Schulden ab. »Hitler erklärt den Krieg«, hieß es im Radio. »Das betrifft auch uns, wir sind verbündet mit Deutschland, wir werden auch in den Krieg verwickelt, unsere Männer werden eingezogen, unsere Währung wird an Wert verlieren, es wird wieder Massenarbeitslosigkeit geben«, sagten die Leute. Mein Gedächtnis läßt mich im Stich. Es ist alles verschwommen, es ist alles so lange her. Wir merkten nicht viel, nichts direkt von dem heißen Krieg. Es war nur so, daß viele unserer Männer als Reservesoldaten sich bereithalten mußten und daß einige Jahre lang wenig und immer weniger Nahrungsmittel vorhanden waren.

Als die Türriegel und Fensterläden sich der Sonne wieder öffneten, war der Krieg vorbei. Es waren sechs volle Jahre, in denen manche Geschäfte geschlossen blieben und Hitlers Heldentum selbst in unseren Wiegenliedern ihren Platz fanden. Damals war noch keine Rede von den Judenvernichtungslagern der Nazis, kein Wort fiel über die Massengräber. Das Leben nahm wieder seinen normalen Gang, die Lehrer kehrten zurück in ihre Schulen, die Klassen füllten sich nach und nach. Ich aber ließ noch im ersten Schuljahr die Schule sein. Es machte mir mehr Spaß, im Hof mit den Tieren zu spielen und den halben Tag von einem Obstbaum zum anderen zu klettern. Da im Hause sonst keine Kinder waren, wurde ich grenzenlos verwöhnt. Nur waren die Wintermonate unendlich lang und langweilig. Da konnte man ja nicht auf die Straße gehen und spielen. So hockte ich in der Stube am Fenster und wartete, bis die anderen Kinder aus der Schule kamen, damit ich wieder Gesellschaft hatte. Wenn mir die Hausaufgaben nicht zu lästig gewesen wären, hätte man mich vielleicht doch noch überreden können, die Schule zu besuchen. Wie schade, daß man mich damals nicht mit einer Tracht Prügel gezwungen hat. Wer weiß, vielleicht würde es mir heute besser gehen, in jeder Hinsicht.

Dagegen machten mir die Sonntagsschule und der Kommunionunterricht mehr Spaß, denn dort herrschte viel weniger Druck als in der Schule: In der Kirche sangen wir vergnügt Lieder und spielten. Trotzdem gab es genug Kinder, die weder in die Schule noch in den Kirchenunterricht kamen. Ja, richtig, inzwischen war ich getauft worden. Am selben Tag

wurde ich auf meiner Stirn tätowiert. Damals trugen alle christlichen Frauen das Kreuzzeichen auf der Stirn. Sie meinten, es sähe schön aus. Später fand ich es häßlich. Immer wieder rieb ich mit der scharfen arabischen Seife darüber; es ist inzwischen etwas blasser geworden, nur, wie du siehst, es ist noch deutlich zu erkennen. Jetzt, da ich eine alte Frau geworden bin, stört es mich nicht mehr. Auch aus unserer Gegend war mir dieser Brauch nicht fremd. Nun ja, wenn die Zigeunerin keinen Goldschmuck hat, so trägt sie einen kupfernen. Damit meine ich nicht, daß es uns und anderen Familien dort schlecht ging. Nein, im Gegenteil, die meisten christlichen Männer waren Handwerker, gute Handwerker, die immer allerhand zu tun hatten und genug verdienten. Die sunnitischen Männer waren in den Behörden tätig oder hatten Geschäfte. Alle Frauen saßen zuhause und hüteten ihre Kinder. Meine Pflegemutter arbeitete als Schneiderin, sie nähte viel und fleißig. Ihre handgetriebene Nähmaschine war das einzige technische Gerät im Hause, aber ich hatte unendlich viel Freude an diesem alten Ding, das nie kaputt ging, trotz der starken Leistung, die es bringen mußte.
Wenn der Herbst anfing und die Schulen wieder begannen, füllte sich unser Haus mit Müttern und Kindern. Das bedeutete Überstunden für meine Pflegemutter. Bis in die Nächte hinein nähte sie an Schuluniformen für die Kinder, überall in der Wohnung hingen die Fusseln des schwarzen Stoffes.
Die Farbe der Fusseln und des Nähgarns wechselte ins Khakigrün, wenn Soldaten eingezogen wurden und Mutter für sie Hemden nähen mußte. Wir bekamen die Soldaten nie zu sehen, und ich war doch so neugierig. Irgend ein Offizier kaufte den Stoff im Laden meines Pflegevaters und gab ihm den Auftrag. Man kann nicht sagen, daß das Geschäft blühte, aber die Zusammenarbeit zwischen Vater und Mutter funktionierte gut. Überhaupt kamen die beiden sehr gut miteinander aus. Wenn jemand in Vaters Geschäft Stoff kaufte, fragte

er gleich: »Haben sie schon eine Schneiderin?« Meine Pflegemutter- ich rief sie manchmal bei ihrem Vornamen, da ich mich anfangs weigerte, eine fremde Frau »Mutter« zu nennen - war ohnehin gut bekannt für ihre Nähkünste, ihre Schnelligkeit und Präzision, denn in der winzigen Stadt kannte jeder jeden. Mein Pflegevater war nicht weniger geschickt; man sagte über ihn, er habe an jedem Finger einen Beruf. Früher war er Elektrikermeister, verdiente wohl auch erheblich mehr. Er verlegte in den neugebauten Häusern Kabel, bis er eines Tages fast einem Unfall zum Opfer fiel. Durch einen Kurzschluß brannten die gesamten Kabel und das halbe neue Haus mit, und er erlitt schwere Brandwunden. Durch ein Wunder hat er doch die Kurve gekriegt, das Leichentuch noch einmal zu zerreißen. Danach ließ er diesen Beruf sein, und Mutter begann, für fremde Leute zu nähen. Sie hatte gesagt: »Lieber weniger Wohlstand, aber einen heilen Mann.« Doch Vater sehnte sich hin und wieder nach seinem alten Beruf. Man sah es ihm an, wenn er an Wochenenden auf seine Leiter kletterte und im Hause nach nicht vorhandenen elektrischen Fehlern suchte, und wenn er nichts fand, montierte er verrostete Teile zusammen, aus denen neue Gebrauchsgegenstände entstanden. Im Laden hinter der Theke seien seine Hände wie gelähmt, meinte er. Es schien ihm außerdem immer langweiliger zu werden, mit den Männern aus der Nachbarschaft nutzlos zu sitzen, Tavla zu spielen und Tee zu trinken, wenn kein Geschäft zu machen war. Es wird aus demselben Grund gewesen sein, daß er mich immer häufiger in seinen Laden mitnahm. Ich half ihm, Staub zu wischen, den Laden zu kehren, selbst im Kaffeehaus Tee zu bestellen. Meine wenig lächelnde, für ein Kind von etwa acht Jahren viel zu ernsthafte Haltung gefiel ihm und den anderen Männern, so daß ich in Kürze der Liebling der Männer in der Gasse wurde. Neben unserem Laden rechts war ein Herrenfriseur, bei dem ein kleiner Junge als Lehrling

arbeitete, der später mein bester Freund werden sollte. Links von uns war die Stadtbäckerei. Wenn die frischen Kuchen und Kekse aus dem Ofen kamen, füllte sich die Gasse mit dem wunderbaren Duft von süßen gebrannten Mandeln. Der Besitzer der Bäckerei brachte mir ab und zu etwas von den angebrannten Keksen, die schmeckten am besten; der Mann war auch ganz in Ordnung, nur seine Späße, die mochte ich nicht: »Wenn du groß bist, mußt du meinen Sohn heiraten, dann kriegst du jeden Tag den besten Kuchen« - er war mir lästig. Doch es war ein herrliches Leben.
Am Ende der Gasse saß ein alter, sehr alter Schuster in einem winzigen Hüttchen. Er schien mit den anderen Geschäftsinhabern wenig gemein zu haben. Selbst an heißesten Sommertagen, an denen die anderen Geschäftsmänner sich vor die Tür setzten und die Schuhe auszogen, sich von den Lehrlingen Wasser bringen ließen, um sich abzukühlen, schloß sich der Schuster in seiner Hütte ein und hielt sein Mittagsschläfchen. So geschah es, als ich ihm einmal die Schuhe meiner Mutter zur Reparatur brachte, daß ich dort wartete, während er sie fertig machte, und ihm zuschaute. Er war - sagte man - wenig gesprächig, doch ich erlebte ihn anders. Warum, weiß ich nicht, vielleicht, weil er über mich mehr wußte als ich selbst. Das folgende kurze Gespräch machte ihn für mich sehr geheimnisvoll:
»Bist du nicht Dilan, die Tochter des Johannes? Ja, mein Kind, auch du bist entwurzelt aus deiner gewohnten Erde« (Er stöhnte leidvoll).
»Was meinen Sie?«
»Es ist besser für dich, wenn du nicht danach fragst.«
»Was meinen Sie mit...?«
»Deine Eltern sind gut zu dir, nicht wahr?«
»Ja, ich liebe sie beide.«
»Nun, grüß deine Eltern, Dilan. Komm zu mir, wann immer du willst.«»Wollten Sie mir nicht etwas sagen?«

»Vielleicht, vielleicht mein Kind, später, wenn du etwas größer bist. Ja, ich werde es dir erzählen, vielleicht sogar bald.«
Während er seine Sätze vor sich hinmurmelte, schaute er mich nicht an.
Unser kurzes Gespräch wurde durch neue Kunden unterbrochen. Ich ging und wäre doch um alles in der Welt gerne dort geblieben, um ihm zuzuhören. Was hatte er gesagt, was wollte er sagen, was meinte er mit »entwurzelt«? Wer war er? Woher kam er? Ich erfuhr es nicht. In meiner Verspieltheit vergaß ich dieses Ereignis nach kurzer Zeit. Es gab auch nicht sehr bald einen Anlaß, noch einmal zu ihm zu gehen. Eines Morgens gingen die Fensterläden seines Hüttchens nicht auf, auch am nächsten Tag und in den folgenden Wochen und Monaten nicht. »Sülo der Kurde«, sagten die Männer der Gasse, »ist weg.« »Hatte er Schulden?« »Nein, bei keinem von uns.« »Warum ist er so plötzlich weg?« »Was ist in ihn gefahren?« Alle schwiegen. Mein Vater sagte seufzend: »Er war nicht von hier«, man schwieg. Danach habe ich nie mehr von diesem Schuster gehört. Doch mir war viel zu spät bewußt geworden, daß ich von dem alten Mann einiges über meine Vergangenheit, über meine Kindheit, über das bittere Schicksal unserer Dörfer hätte erfahren können.
Die Jahre vergingen...
Ich wuchs heran, meine Anwesenheit in unserem Laden war nicht mehr sehr erwünscht. Der Grund? Ich wuchs eben heran. Mutter versuchte, mich immer mehr im Haushalt einzuspannen, sie brachte mir das Schneidern und Nähen bei, traute mir sogar einige anspruchsvolle Näharbeiten zu. Doch ich vermißte den Textilgeruch im Laden. Ich vermißte die Leute aus der Gasse. Ich begriff aber auch, daß es sich nicht gehörte, als ein bald heiratsfähiges Mädchen hinter dem Tresen zu stehen. Dies würde weniger auf die Männer als vielmehr auf die weiblichen Kunden befremdlich wirken. So

blieb ich in der häuslichen Stille und Geborgenheit, fern dem Rummel der Geschäftsgasse und den alten Frauen, die sich sogar auf ihrem Einkaufsweg eine Pause gönnten, eine selbstgedrehte Zigarette rauchten und etwas mit den Ladenbesitzern klönten, ehe sie in das nächste Geschäft gingen. Mädchen liefen mit ihren lange schwingenden Haaren unbefangen von einem Schaufenster zum anderen und hatten manchmal in einer Unbekümmertheit freche Wortwechsel mit den Geschäftsleuten, die nicht ungewöhnlich war.
Ich wuchs automatisch zwischen beiden Religionen auf. Meine Pflegeeltern waren in keiner Beziehung streng zu mir, am wenigsten soweit es die Religion betraf. Selbst wenn ich sonntags länger schlafen wollte und keine Lust hatte, mit zur Kirche zu gehen, ließen sie mich schlafen. Wenn ich dann aufstand, fand ich die Frühstückstafel gedeckt oder wir frühstückten gemeinsam, und ich legte mich wieder schlafen. So führte ich eigentlich ein glückliches Leben. Je mehr ich sah, wie streng andere Mädchen behandelt wurden, umso mehr gewann ich meine Eltern lieb. Kein Wunsch, wirklich kein Wunsch von mir blieb unerfüllt. Ich war schon ein sensibles Kind. Mir war aber auch bewußt, daß ich ihre Güte nie ausnutzen durfte; das tat ich auch nicht, bis mich der Teufel in seinen Griff bekam. Selbst dann habe ich nicht verstanden, wie mir geschah. Was war bloß in mich gefahren? Ich war plötzlich handlungsunfähig, alles um mich herum hatte sich mit einmal verändert. In meinen Eltern sah ich nur noch zwei Feinde. Sie schienen mich von allen Seiten zu piesacken, alles war nur böse. Alle wollten, daß es mir schlecht ginge, niemand wollte mein Glück. So kam es mir damals vor, als wegen meines ersten Mannes, Zeyno, fast jeden Tag Streit an der Tagesordnung war. Ich war völlig von Sinnen, eben verrückt geworden, plötzlich durchgedreht.
Zeyno war der Friseurlehrling. Nicht, daß du denkst, ich hätte wer weiß was mit ihm gemacht. Nein, nichts dergleichen. Es

gab keine Geheimnisse. Auch gegenüber meinen Eltern gab es von meiner Beziehung zu Zeyno nichts zu verheimlichen. Zu der Zeit, als ich noch öfter ins Geschäft ging, saß ich mit Zeyno vor unserem Laden, meist dann, wenn sein Meister zur Moschee war. Er erzählte von sich, ich von mir, wir sprachen von unseren Träumen. Wir waren beide noch Kinder. Zeyno hatte kaum die Schule besucht, seine Eltern waren arm, so hatten sie ihn, einen der zwölf Söhne, bei dem Friseur in die Lehre gegeben. Da sein Dorf weit weg war, schlief er Sommer wie Winter in dem Friseurladen auf einer Holzpritsche. Wenige Male im Jahr fuhr er ins Dorf, um die Familie zu besuchen; wenn er aus dem Dorf zurück war, berichtete er über das Elend seiner Familie. Er bekam zu wenig Lehrgeld, als daß er etwas davon hätte seiner Familie schicken können. Er nahm jedesmal einen Sack alter Kleider und Schuhe mit ins Dorf, der in der Gasse von den Frauen der Geschäftsleute zusammengestellt wurde. Etwas Seife, Zucker, Streichhölzer und Salz besorgten die Männer und gaben ihm Taschengeld dazu. Er war ein lieber Junge und ein anspruchsloser Laufbursche, von allen Männern in der Gasse bemitleidet, gemocht.
Einerseits hatte er Heimweh, aber auf der anderen Seite war es praktisch unmöglich für ihn, ins Dorf zurückzukehren. Was sollte er dort tun? Umgekehrt hätte seine 15-köpfige Familie in der Stadt auch nie richtig Fuß fassen können, meinte er.
Da ich nicht mehr so oft ins Geschäft gehen durfte, sah ich ihn auch immer seltener. Irgendwann sagte mir Vater, daß Zeyno zum Militär gegangen sei. Ich habe es ihm damals zunächst sehr übelgenommen, daß er sich nicht einmal kurz blicken ließ, um auf Wiedersehen zu sagen. Als wäre so etwas ohne weiteres möglich gewesen! Er war danach für mich anderthalb Jahre vergessen. Nun ja, wer dem Auge fern ist, ist auch dem Herz fern. Ich war ihm nicht böse, hatte ja mit ihm auch

nichts Besonderes im Sinn. Er war halt nett und bescheiden, ja, das ist das richtige Wort: Was ich an ihm so mochte, war seine Verschämtheit. Doch mit der Zeit merkte ich, daß ich ihn nicht ganz und gar vergessen hatte. Ins Gespräch kam er wieder, nachdem er aus dem Militärdienst zurück war.
Im nachhinein erfuhr ich dann, daß es gar nicht zuerst seine Idee war, mich zu heiraten, sondern sein Meister - nach dem Militärdienst begann er wieder bei seinem alten Chef - hatte meinem Pflegevater den Vorschlag gemacht: »Wir tun etwas Gutes, wenn wir die beiden Herzen beglücken.« Vater und Mutter waren noch gegen eine Heirat, außerdem, wenn schon, dann sollte ich eine bessere Partie machen, einen Lehrer oder so heiraten. Ich wußte, daß sie sehr an mir hingen, mich wollten sie nicht so schnell hergeben, unter meinem Wert, wie es ihnen scheinen mußte. Ihr halbes Leben hatten sie mir gewidmet, mir unermeßliche Liebe und Güte geschenkt, in Freiheit und Geborgenheit hatten sie mich wie eine seltene, zarte Blüte gehegt, Jahre hindurch, damit ich um jeden Preis in der Welt glücklich würde. Dafür wollten sie auch sorgen, wenn ich aus dem Hause war, denn ich war ihr ein und alles in der Welt. Doch ich ließ sie im Stich, ohne ihre endgültige Entscheidung abzuwarten, die sehr wahrscheinlich zu meinen Gunsten ausgefallen wäre. Ich brannte mit Zeyno durch. Völlig ohne Plan für das, was danach sein würde, stand ich mit ihm auf dem Bahnsteig. Wir fuhren irgendwo nach İslahiye zu einem von Zeynos Freunden aus der Militärdienstzeit. Dort heirateten wir in aller Bescheidenheit. Dort suchte er auch Arbeit. Alle Friseurläden der winzigen Stadt klapperte er ab, keiner nahm ihn. Der Himmel verdüsterte sich für uns, keine Arbeit war zu finden. Streitigkeiten beginnen immer in solchen Notsituationen. Ich dummes Ding fing dann noch an, meinen Entschluß zu bereuen. Wütend ließ er mich bei seinem Freund und dessen junger Frau und fuhr nach Konya, um in der gerade neu eröffneten

Mehlfabrik zu arbeiten. Als er dort ankam, war alle Arbeit schon vergeben. Wer fährt denn auch so weit, um nach Arbeit zu fragen? Dennoch fand er immer wieder Arbeiten, wechselte oft. Unsere kurze Ehe in den folgenden zwei Jahren verging fast ohne einander, in endlosem Warten. Als man mir seine Papiere und seine Kleider mit etwas Geld überbrachte - man sagte, er sei plötzlich schwer krank geworden und innerhalb von zwei Tagen gestorben, man hätte ihn dort in Konya beerdigt, um mir die Transportkosten zu ersparen - war mein Sohn İbo ein Vierteljahr alt, wir hatten uns das letzte Mal nach seiner Geburt gesehen, und ich war schon wieder schwanger. Dieser Tag ist beinahe so unvergeßlich für mich wie der Tag, an dem unser Dorf ausbrannte.
Bei der Auswanderung aus unseren Gebieten damals waren viele Familien nach İslahiye gekommen und hatten hier ein neues Leben begonnen, soweit es möglich war. Ich war inzwischen unzählige Male auf Arbeitssuche gegangen; wer sollte eine schwangere Witwe mit einem Kind aufnehmen? Was sollte in Zukunft aus mir werden? Wie sollte es überhaupt mit mir weitergehen?
Mit Hilfe der Nachbarschaft überbrückte ich die folgenden Monate, bis ich das zweite Kind gebar, ein Mädchen. Ich sage dir, wenn mir damals die Nachbarsfrauen nicht in allem zu Hilfe gekommen wären, weiß ich nicht, was ich in meiner Not und meiner Verzweiflung getan hätte. Oft habe ich mir überlegt, in meiner Ausweglosigkeit zu meinen Pflegeeltern zurückzukehren. Ich wußte, auch wenn ich mit meinen zwei Kindern eines Tages vor ihrer Tür stehen würde, nähmen sie mich mit offenen Armen wieder auf. Aber war es nicht ein Verbrechen meinerseits gewesen, zwei alte Menschen in der Weise im Stich zu lassen? Hatte ich mir mein Elend nicht selbst zuzuschreiben? Ich begann, bei einer Schneiderin als Aushilfskraft zu arbeiten. Meine Kinder ließ ich tagsüber bei einer alten Frau, an manchen Tagen durfte ich meine kleine

Tochter mitnehmen; sie lag die ganze Zeit still in der Ecke in ihren Windeln, während ich meine Arbeit verrichtete. Das wenige Geld, selbst an arbeitsreichen Tagen, reichte uns dreien nicht zum Leben und nicht zum Sterben. Doch es war besser als gar nichts. An muslimischen Feiertagen überbrachte mir außerdem noch die Nachbarschaft ihre Almosen. So konnte ich uns über Wasser halten. Nach einem Jahr habe ich mir dann auf Ratenzahlung eine gebrauchte Nähmaschine gekauft und angefangen, selbst zu nähen. Es war nicht leicht, in der Gegend so bekannt zu werden, daß Kunden kamen; man mußte sich erst als eine gute Schneiderin bewährt haben.

Nach drei Jahren leidvollen Hinvegetierens standen eines Abends ein paar alte Frauen vor meiner Tür und meinten, ihr Besuch diene einer gesegneten Angelegenheit. Ich bat sie herein und servierte Tee. Kurzum, es ging um einen jungen Witwer, der zwar ein Alevit sei, aber ein guter Mann; seine Frau sei kürzlich gestorben, er suche wieder eine Frau. Ernähren könne er uns gut, da er im städtischen Bauamt als Straßenbauarbeiter fest angestellt sei. Für beide Parteien wäre es gut, wenn sie sich zusammentäten, denn sie, die alten Frauen, sähen ja schon die ganze Zeit zu, wie ich in Ehre und Würde meine beiden Kinder mühsam durchzubringen versuche. Es stimmte. Ich bat sie, mir ein paar Tage zum Überlegen zu geben. Was eigentlich wollte ich noch überlegen?

Nein, das war nur eine Taktik meinerseits, da ich nicht den Eindruck erwecken wollte, mich billig und schnell herzugeben. Eigentlich war mir schon klar, als noch die Vermittlerinnen in meiner Stube saßen, daß ich 'ja' sagen würde. So gingen dieselben Frauen noch einige Male zwischen ihm und mir hin und her, um die letzten Vereinbarungen zu übermitteln. Damit wir uns wenigstens einmal sahen, bevor konkrete Schritte unternommen wurden, organisierten sie bei einer der Frauen ein Treffen.

Auf Anhieb gefiel mir Seydo in seinem Auftreten; es war etwas an ihm, was mich an meine Leute im Dorf erinnerte: würdevolle Haltung, bescheidenes Wirken. Dieser Fremde war mir auf Anhieb so nah - er hätte mein Bruder sein können. Das nächste Mal sahen wir uns dann auf dem Standesamt. In der darauffolgenden Woche taten wir unsere Haushalte zusammen. Vorläufig wollten wir mit seiner kleinen Wohnung auskommen. Wenn wir uns dann erholt hätten, würden wir in eine bessere Wohnung umziehen. Immerhin, mit seiner neunjährigen Tochter Aslı waren wir plötzlich fünf geworden. Auch wenn der Haushalt und drei Kinder und noch dazu meine Näherei - denn die wollte ich nicht aufgeben, da ich doch gerade anfing, Kundschaft zu gewinnen, mich sehr in Anspruch nahmen, ging es mir seelisch gut. Die Sicherheit, einen Mann zu haben, das Leben und seinen Kummer mit ihm zu teilen, gab mir große Zuversicht. Ich verlor plötzlich meine Existenzängste. Seydo war und ist immer noch ein sehr gütiger Mann. Wie grotesk ist doch das Leben: Meine beiden Kinder hatten ihren Vater nie richtig erlebt, nun hingen sie an Seydo mehr als an sonst einem Wesen. In bestimmten Abständen wiederholt sich doch alles, dachte ich, ihr Schicksal ähnelte so sehr meinem eigenen. Vor allem aber, daß Seydo ein Alevit war, war entscheidend gewesen für meinen Entschluß. Keiner in der Umgebung wußte, daß ich keine geborene Christin war. Als ich Seydo von meiner außergewöhnlichen Vergangenheit Nächte hindurch erzählte, rückten wir seelisch immer näher zueinander, als entdeckten wir unsere gemeinsamen Wurzeln. Wir lernten nach und nach andere Aleviten aus der Gegend kennen, und es war schön, zu ihrer Gemeinde zu gehören. Für mich war es nicht nötig, mich von dem christlichen Glauben zu lösen, in dem ich mich ohnehin nicht zuhause gefühlt hatte, und auch wenn ich bis zu meiner zweiten Eheschließung nie richtig Gelegenheit gehabt hatte, meinen Glauben zu leben,

war ich doch eine geborene Alevitin. Eine alevitische Gemeinde wieder zu finden, dort aufgenommen zu werden, erweckte in mir neue Hoffnungen. Endlich wieder das Gefühl zu haben, unter seinesgleichen zu sein, Schutz und Geborgenheit zu genießen, tat allen Mitgliedern unserer Familie gut. Wir nahmen regelmäßig an den Versammlungen teil, die nichts anderes waren, als eben zusammenzukommen, auszutauschen, vor allem aber gegenseitig das Gefühl zu vermitteln, daß jeder für den anderen da war.
Unser Leben verlief ohne große Sorgen, ohne große Höhen und Tiefen. Unsere Kinder wuchsen und gediehen, mit unserer Arbeit waren wir auch zufrieden. Der Bekanntenkreis vergrößerte sich zunehmend, das kam besonders mir persönlich, aber noch mehr meiner Arbeit zugute. Unser Haus füllte sich jeden Tag mit Frauen und Kindern, es wurde gemeinsam gekocht, Kinder spielten im Hof. Lieder singend, Gedichte reimend, Witze erzählend verrichteten wir unsere Handarbeit, gegen Abend kamen noch unsere Männer von der Arbeit, und nach dem gemeinsamen Abendessen kehrte jeder heim. Diese Treffen waren damals oft, und keinem von uns wurde je lästig oder langweilig. Manchmal erschienen Bekannte vom anderen Ende der Stadt mit vier oder fünf Kindern. Da ich durch meine Näherei an das Haus gebunden war, wurde ich häufiger besucht. Wenn dann die Frauen kamen, atmete ich auf, denn sie nahmen mir erhebliche Arbeit ab; wenn ich dringend etwas fertig machen mußte, eilten sie jederzeit zu Hilfe.
Was waren das für Zeiten?
Heute ist alles so hektisch, keiner hat Zeit für den anderen. Wo ist die Geduld geblieben, unerschöpfliche Geduld, die wir hatten? Es waren so schöne Jahre, solch ein harmonisches Leben führten wir, daß mich manchmal eine geheimnisvolle Furcht packte. So etwas wie eine Vorahnung war es vielleicht, ich glaubte, es könne doch nicht ewig so gut gehen.

Dabei war keine äußerliche Bedrohung da. Was sollte uns denn schon passieren? Ja, eben die Höhen und die Tiefen des Lebens. Es geht eben niemals lange gut. Dieses Gefühl habe ich mein Leben lang gehabt. Das Erdbeben begann in mir, bevor von außen etwas spürbar wurde.
An einem der ungetrübten Sommernachmittage saßen wir Frauen unter den Feigenbäumen im Hof, während die Kinder draußen herumspielten, als mir die Nachricht überbracht wurde, Seydo läge im Krankenhaus. Ein Unfall war passiert, als draußen bei der Arbeit Dynamit eingesetzt wurde, um einen Felsen zu sprengen. Es ging daneben, Seydo und drei weitere Kollegen lagen schwer verletzt im Krankenhaus. Den Schock in diesem Augenblick kann ich kaum beschreiben. Mit Hilfe der anwesenden Frauen faßte ich mich schnell, zog mich an und rannte ins Krankenhaus. Ich mußte ihn sehen. Doch der Arzt ließ mich nicht hinein. Erst am nächsten Tag durfte ich zu ihm. Trotz des enormen Blutverlustes hatte er es geschafft, nur war noch nicht entschieden, ob das Bein amputiert werden mußte oder nicht. Er lag ungefähr zwei Monate dort, das Bein ließ sich immerhin soweit retten, daß er aufstehen konnte, aber arbeiten durfte er nicht mehr, vor allem nicht beim Straßenbau. Auch zuhause brauchte er noch lange Zeit Pflege. Nun hatte ich praktisch vier Kinder zu versorgen und den Haushalt und die Näherei zu bewältigen, denn als einzige Einkommensquelle hatten wir nur meine Arbeit. Wie sich erst nach dem Unfall herausstellte, war mein Mann durch seinen Arbeitgeber nicht krankenversichert gewesen, er hatte dadurch keinerlei Ansprüche auf Invalidenhilfe oder auf Rente. Nun saßen wir da.
Wie immer halfen uns wieder unsere Freunde in allem. Etwa zu dem Zeitpunkt gingen viele Leute aus den Stadtrandgebieten nach Çukurova zur Baumwollernte. Man wird dort gut bezahlt, hieß es. Es waren ja nur vier bis sechs Wochen, die man zu arbeiten hatte; ich beschloß, mich der Arbeiterinnen-

kolonne anzuschließen. Seydo war erst dagegen, aber was hätte er sagen können? Später ließ er es doch zu, noch dazu wollte er mit seinem noch nicht ganz geheilten Bein mitkommen. Nach einigem Hin und Her gingen wir zusammen. Wir sagten, wenn es nicht klappt, können wir es immer noch abbrechen. Erst wollte man ihn nicht einstellen, dann sagte man, es würde schon irgendeinen leichten Job für ihn geben. Mit unserer Ältesten, Aslï, die ja inzwischen 15 geworden war, ließen wir die anderen beiden Kinder zuhause und gingen nach Çukurova, ohne zu wissen, was dort auf uns zukommen würde.

Feuchte Hitze, Staub und Mücken empfingen uns. Die Lastwagen brachten uns bis zu den Wellblechbaracken, die am Rande der unendlich weiten Baumwollplantagen nur für die Saisonarbeiter errichtet waren. Lediglich Pritschen zum Schlafen und leichte Decken waren für uns bereitgestellt. Nach der Arbeitseinteilung zeigte man uns noch, wo wir gemeinsam mit anderen Feuer machen und uns etwas kochen konnten. Dort war alles weiß, als seien Himmel und Erde aus Baumwolle. Die Baumwollknospen sprangen gerade auf, so daß die ganze Landschaft wie eine einzige riesige Baumwollkapsel aussah.

Dies war meine erste Feldarbeit. Mich schreckte keine Arbeit, ich war jung, gesund und vor allem ehrgeizig. Mit Sonnenaufgang begann die Arbeit. Obwohl sie nicht schwer war - nur die Dornen der Baumwollbüsche hinterließen blutige Schrammen an den Händen - war ich froh, daß wir nicht darauf angewiesen waren, unseren Lebensunterhalt nur dadurch zu verdienen. Wir hielten uns lediglich für ein paar Wochen dort auf.

Frauen aus der Gegend erzählten, daß sie schon im Februar auf die Felder gingen, um die jungen Baumwollsprößlinge anzupflanzen, später notwendige Pflegearbeiten zu verrichten, dann im Spätsommer zum Ernten. So lebten und arbei-

teten manchmal ganze Familien von Februar bis Oktober in diesen Feldern. Schicksale gab es unter diesen Leuten, daß ich mich immer wieder wunderte, daß es mich selbst nicht schlimmer getroffen hatte. In den Pausen kühlten wir unsere völlig naßgeschwitzten Köpfe mit Wasser aus den Bewässerungskanälen und setzten uns dann in den Schatten, um uns etwas Ruhe zu gönnen und dabei unsere Brote zu essen. Wie es uns schmeckte, in der frischen Luft nach getaner harter Arbeit, Fladenbrot und Zuckermelone!
Lastwagen, Motorräder, Autos, Esel, Trecker und Nomaden passierten die asphaltierte Hauptstraße. Schafe zogen durch die Landschaft in die fruchtbaren Gegenden. Pferdekarren zockelten hinterher, Frauen und Kinder wanderten barfuß. Sie wären das ganze Jahr über unterwegs, sagten die Nomaden, ihre Kinder hätten noch keine Schule von innen gesehen. Auf den fruchtbaren Weiden weideten in unendlicher Zahl Schafe, Kühe, Ziegen. Die Weideflächen würden immer mehr zu Feldern umgewandelt, sie zu pachten immer unmöglicher, hieß es. Deswegen gaben viele ihr Vieh auf und wanderten in die Städte, um dort Arbeit zu finden. Ganze Stämme gingen dadurch verloren. Abends, wenn die Sonne hinter dem Taurus verschwand, flammten nach und nach ihre Lagerfeuer am Berghang auf, ihre Kinder schliefen in den selbstgewebten schwarzen Haarzelten, die Männer bewachten die Lager die ganze Nacht hindurch. Manchmal brannte auch das Feuer bis zum Morgen. Nach Feierabend gingen wir zu ihnen, etwas Joghurt und Ziegenkäse zu besorgen - Joghurt, aus dem wir mit Wasser und Salz vermischt Ayran herstellten, das einzig durstlöschende Getränk in der Trokkenheit und Hitze. Stolze, schöne Frauen waren die Yürüken-Frauen. Wenn wir ins Gespräch kamen, fragten sie uns, wie wir es fertigbrächten, als Knechte für andere auf den Feldern zu schuften. Sie kannten nicht das Stadtleben, die freie Natur hatte sie erschaffen und würde sie wieder zu sich

nehmen. Sie lehnten die Knechtschaft ab. Sie waren ihre eigenen Herren, und diese Freiheit ging ihnen über alles.
Berge von Baumwollballen und Säcken wurden jeden Abend auf die Lastwagen geladen und wegtransportiert. Jeden Morgen gingen wir mit leeren Säcken auf neue Felder. Die Säcke wurden mehrmals am Tag eingesammelt. Mit Sonnenuntergang Feierabend, mit Sonnenaufgang Arbeitsbeginn - die sechs Wochen vergingen. Mit dem Geld, das wir bekamen - so rechnete ich es auf dem Heimweg aus - konnten wir uns Brennholz und Kohle für den Winter kaufen und vielleicht, wenn es ausreichte, ein paar Winterschuhe für die Kinder. Es war immerhin etwas, auf jeden Fall mehr, als wenn ich zuhause geblieben wäre. Die Näharbeit hätte doch nicht so viel eingebracht. Im großen und ganzen mußten wir zufrieden sein. Wenn man weiß, daß es ja nur vorübergehend ist, ist man eher bereit, die Zähne zusammenzubeißen. Im darauf folgenden Jahr habe ich dann meinen Mann bei den jüngeren Kindern zuhause gelassen, an seiner Stelle wollte Aslï mit mir kommen. Wir beide hingen sehr aneinander, ich konnte ihr nichts abschlagen, sie stellte ohnehin kaum Ansprüche.
Drei Jahre hintereinander fuhren wir nach Çukurova. Drei Herbste lang füllten wir die Baumwollsäcke, dreihundert Lira blieben jedesmal zum Schluß als Lohn in unseren Händen. Im dritten Jahr trafen wir keine Nomaden mehr in der Steppe. Ebenfalls im dritten Jahr war es, als die Baumwollpflückmaschinen die Felder umlagerten. Man brauche uns nicht mehr, hieß es. Die Maschinen machten es schneller und mit weniger Ärger. An unserer Arbeit hatte sich die Umgebung von Çukurova bereichert. Man konnte direkt zusehen, wie sich das Gebiet von Jahr zu Jahr entwickelte. Die Transportwege waren jedes Jahr besser geworden. Immer häufiger rasten Lastwagen mit Bananen, Granatäpfeln, Zitrusfrüchten und Baumwolle beladen über die Hauptstraße,

um die Ware in die übrigen Teile des Landes zu transportieren. Aber die eigentlichen Herren haben wir nie zu sehen bekommen. Sie wurden mit Sicherheit in ihren dicken amerikanischen Limousinen von einem Nachtlokal zum anderen in Adana, İzmir oder in İstanbul herumkutschiert, während wir für sie schufteten und schufteten.

Nun ja. So ist nun mal das Leben, es läßt sich nicht alles auf einmal verändern.

Seydos Idee war es, ja sein Vorschlag - dies muß er sich allerdings sehr lange überlegt haben, denn er ist kein Mann schneller Entschlüsse - einmal nach Ankara zu fahren, um seine Verwandschaft zu besuchen. Den Winter hatten wir mehr schlecht als recht hinter uns gebracht - sein Bein ließ ihm keine Ruhe, es schmerzte, und wenn es schmerzte, ging er die Wände hoch. Nach mehrmaligem Röntgen stellte man einen Splitter fest, den man wohl damals nach dem Unfall bei der Operation nicht hatte herausoperieren können oder der vielleicht einfach übersehen worden war.

Es stand ihm also noch eine Operation bevor. Nach dem Unfall wurden die Operationskosten durch den Arbeitgeber beglichen. Jetzt, Jahre danach, gab es keine Instanz, an die wir uns hätten wenden können. Wir mußten selbst dafür aufkommen. Mit welchen Mitteln? Ein Rätsel. Es war ein weiterer plausibler Grund für unsere Reise nach Ankara: Eine letzte Untersuchung, eine letzte Röntgenaufnahme könnte ihn vielleicht doch noch vor einer Operation retten, vielleicht gäbe es einen Behandlungsweg, ohne daß eine Operation notwendig wäre. In Ankara fänden sich gute Ärzte, Ärzte, die im Ausland studiert hätten. Die besten Ärzte des Landes, Ärzte, die Kemal Atatürk und Generäle und alle anderen hohen Männer behandelt hätten, würden doch gegen dieses verdammte Splitterchen in Seydos Bein etwas tun können. Dieser Splitter! War er aus Eisen, aus Holz oder aus Stein, wie groß mochte dieses blöde Ding sein? Wo saß es

genau? »Hier, manchmal hier, da oben, er wandert, manchmal tut er so, als sei er gar nicht da, und doch, der Schmerz ist da.« Wie ein Alptraum, wie ein Fremdkörper schlich der Splitter von Seydos Bein in unseren Alltag, in unseren Schlaf. Alle Sorgen waren plötzlich vergessen, nur der Splitter nicht, es drehte sich alles nur noch um ihn. Unsere abenteuerliche Reise mit dem Kurtalan-Express nach Ankara traten wir für ihn an!
In Ankara war ich das erste Mal in meinem Leben. Seydos Verwandte nahmen uns freundlich auf. Die ersten Bilder, die ersten Erinnerungen, die ersten Eindrücke von Tuzluçayır von damals sind mir nie aus dem Gedächtnis geschwunden. Damals war hier alles noch unbebaut, es gab hier und da ein paar Gecekondus, zerstreut in der Landschaft, halbfertig, völlig vergessen von der übrigen Welt. Noch am ersten Abend wurden unsere Illusionen, unsere Hoffnungen bezüglich einer ärztlichen Untersuchung von Seydo derart zerstört, daß der Schlaf sich in Gift verwandelte. Natürlich gab es Ärzte, die in Deutschland und in Amerika studiert hatten, die selbst Tote wieder erwecken würden, wir hätten uns auch ohne Probleme an sie wenden können, aber ein Besuch bei ihnen kostete ein Vermögen. Zwecklos erschien ebenfalls das Warten vor dem staatlichen Krankenhaus, um nicht zu sagen hoffnungslos. Auf jeden Fall war es nicht in drei Tagen zu erledigen. Kurzum: Seydo entschloß sich, noch ein paar Tage in Ankara zu bleiben. Ich fuhr zurück. In den folgenden Tagen wartete ich wie in Geburtswehen auf eine Nachricht von ihm, ob er operiert würde oder nicht. Eine Woche, zwei Wochen, ich hörte nichts von ihm. Erst in der dritten Woche kam ein Telegramm: »bau begonnen - stop - besorge geld - stop - komm schnellstmöglich stop« Ich drehte und wendete das Telegramm, es war nichts Klares daraus zu entnehmen. Was hieß, »Bau begonnen«? Wieviel Geld, wozu und woher sollte ich es besorgen? In meiner Wut habe ich hin und her

überlegt, mehr geschimpft als überlegt, Bekannte um Rat gefragt, dann entschloß ich mich, nicht darauf zu reagieren. Er sollte gefälligst selbst kommen und mir erklären, was er meinte. Einige Tage später rief er bei unserem Gemeindeverwalter an und wollte mich sprechen. Er war seinerseits erbost, daß ich nicht reagiert hatte. Das Telefongespräch war ein Abenteuer für sich. Jedenfalls kostete es mich weitere Nächte Schlaf, um mich mit dem Gedanken anzufreunden, nun nach Ankara umzuziehen. »Das ist die Chance unseres Lebens, hierher müssen wir!« sagte er am Telefon, als hätte er dort eine Schatzkammer gefunden; es war keine Rede mehr von dem gottverdammten Splitter in seinem Bein.
Zwei weitere wutvolle Wochen vergingen, es kam kein Ton von ihm. Während ich mir überlegte, wieder nach Ankara zu fahren, um ihn wegen dieser verrückten Entscheidung zur Rede zu stellen, stand er eines Abends, erschöpft, völlig am Ende, an der Tür. Als ich sein Gesicht sah, wurden mir die Knie wieder weich. Ich kann nie lange nachtragend sein.
Was hatte er getan? Er hatte sich von seiner Verwandtschaft überreden lassen, nach Ankara umzuziehen. Natürlich hatte Seydo vorher lang und breit über unseren, aber besonders über seinen Zustand erzählt. Es ging meinem stolzen Ehemann an die Nieren, arbeitslos in seinem Heim zu sitzen und sich von seiner Frau unterhalten zu lassen. Er mußte irgendeine Beschäftigung haben, was in unserer kleinen Stadt unmöglich war. Die Arbeitsmöglichkeiten für einen halben Mann in der Großstadt seien eher gegeben, selbst wenn er Schuhe putzen oder auf der Straße Sesamkringelchen verkaufen müsse! Außerdem, die Behandlung des Beins! »Die Zukunft liegt in den Städten, wir müssen nach Ankara«, hätte er sich gedacht. Ich hätte ihn sieben Mal nach Mekka tragen können, ich hätte ihn dennoch nicht von seinem Vorhaben abgebracht. Es ist mir heute ein Rätsel, wie man ihn damals soweit bekommen hat, daß er das Angebot, dem Gecekondu-

häuschen seiner Verwandten auf demselben Grundstück noch zwei Zimmer anzumauern, ohne Zögern angenommen hat. Mit Hilfe der Verwandten und Nachbarn, mit Bauresten wie Sand, Zement, Briketts, Tür und Fensterrahmen von abgerissenen Häusern hatten sie über Nacht zwei Zimmer zusammengeschustert. Vorläufig würden wir mit seinen Verwandten im selben Hof wohnen, das Klo teilen, vorläufig nur...

Nun war ich gespannt auf dieses Eigenheim. Es ging mir nicht in den Kopf hinein, wie man ohne viel Kosten und Aufwand über Nacht ein eigenes Häuschen haben könnte, und das auch noch in Ankara. Würde denn niemand etwas dazu sagen, niemand uns daran hindern, kein Grundstückseigentümer, wie würde sich der Staat dazu stellen, und was der Fragen mehr waren.

Es dauerte eine Weile, bis wir mit dem Umzug soweit waren; ich mußte ja die Kleider, an denen ich noch nähte, zu Ende bringen. Dann kamen die Abschiedsbesuche bei unseren Bekannten und Nachbarn. Außerdem mußten die Kinder in der Schule abgemeldet werden. Der Umzug war ein Kapitel für sich. Es waren zwar keine wertvollen Möbelstücke, aber ich hing an jedem einzelnen. Seydo und ich kriegten uns ständig in die Haare wegen Haushaltsgegenständen, von denen er meinte: »Wozu brauchst du ein Mehlsieb in Ankara, dort wirst du kein Brot mehr selbst backen müssen, da wirst du keine Gartenarbeit mehr zu machen brauchen, dort wirst du wie eine feine Stadtdame leben, deine Hände werden sich vom Teigkneten und Erdehacken erholen.« Von wegen wie eine Stadtdame...! Ich wollte nichts verkaufen oder verschenken. Jahrelang hatten wir sie Stück für Stück angeschafft mit tausend Mühen. Jetzt, weil wir in die Stadt umzogen, wir dort angeblich keine Verwendung für diese Dinge mehr haben würden, sollten wir sie wegschaffen? Nichts ließ ich zurück von meinem Haushalt, und wie ich

später feststellen mußte, war es gut so. Für jedes und alles hatten wir eine Verwendung. Ich habe weiterhin das Brot selbst gebacken, und auch ein Garten erwies sich - wenn auch erst Jahre später - doch als sehr nützlich. Und der Umzug mit unseren tausend Blechsachen... Nur die klapprige Nähmaschine, unser einziges Kapital, bewahrten wir wie unseren Augapfel, alles andere war ja sowieso zusammengewürfeltes Zeug. Dann die Reise durch die endlose Steppe. Die unheimliche Fahrt über die Gipfel der mächtigen Taurusberge, auf schmalen Straßen - man brauchte tausend Zeugen, um sie Straßen zu nennen, denn rechts und links von uns klaffte der Abgrund. Der Lastwagen, ein deutsches Fabrikat, hustete ständig kläglich wie ein im Sterben liegender Alter und hätte jeden Augenblick stehenbleiben können. Doch wir erreichten mit nur einer einzigen, uns unerklärlich gebliebenen Panne in der Abenddämmerung die Stadt unserer Zukunft, die Metropole, die Traumstadt mit Millionen von Menschen. Nun war das vorher unbedachte Problem, den Stadtteil Tuzluçayır zu finden. Laut Sprichwort findet man sogar Mekka wieder, doch hier galt das nicht. Keiner der von uns Gefragten wußte, wo Tuzluçayır liegt. Seydo konnte sich überhaupt nicht mehr erinnern, wo der Stadtteil lag, wie er zu finden war. Schließlich, auf abenteuerlichste Weise von einem Polizeirevier zum anderen verwiesen, mit Hilfe der Straßenwächter und der Signale ihrer Trillerpfeifen, fanden wir doch den Hügel, wo unser Häuschen stand. Wiedersehensfreude mit den Verwandten, Betrachtung des Häuschens im Licht der Petroleumlampen unter den neugierigen Augen unserer Kinder, Abendessen zu vielleicht zwanzig Leuten an der runden Holztafel; schlaftrunken lagen wir später in der Nacht wie die eingelegten Sardinen in dem winzigen Zimmer, in unserem Häuschen.
Erst am nächsten Morgen kamen die Kinder mit ihren ernsthaften Fragen. »Sollen wir alle ewig hier in dieser winzigen

Bude leben, es ist ja nicht einmal ein Klo vorhanden? Außerdem, wie sollen wir zur Schule kommen?« Es war in der Tat weit und breit kein anständiges Gebäude in der Gegend zu sehen, das man hätte Schule nennen können. In İslahiye hatte unser Mietshaus viel Wohnraum, der Garten und der Hof waren die einzigen Freuden der Kinder gewesen, die Schule war gleich zwei Straßen weiter. Alles, selbst der Hamam, das öffentliche Badehaus, war gleich um die Ecke. Ich aber hatte erst einmal keine Zeit, die Fragen der Kinder zu beantworten. War es vielleicht eine Flucht? Ich weiß es nicht, aber zunächst mußte ich unsere Bruchbude wohnlich machen, neue Vorhänge nähen, die Fenster- und Türrahmen isolieren, eine Kochnische herrichten, für die erst ein Propangasherd angeschafft werden mußte. Nun mußte Seydo mit seinem kranken Bein jeden Tag in die Stadt ziehen, um die fehlenden Sachen zu besorgen. Ich dachte, daß wir in unserem Haushalt alles Nötige gehabt hätten, doch es fehlte allerlei, und wenn es nur ein Nagel und ein Hammer waren. Als unser Traumschloß einigermaßen eingerichtet war, fingen wir sogar an, uns etwas wohlzufühlen; es war sicher das Bewußtsein, daß es uns gehörte, was uns das Wohlbehagen schenkte.

Mit der Zeit ließ sich alles, wenn nicht bestens, so doch mit einigen Einschränkungen einrichten. Die Kinder hatten einen weiten Schulweg, Aslı brachte die Jüngeren in den ersten Tagen hin und holte sie wieder ab. Die Gewöhnung an die Stadtkinder machte unseren Kindern erhebliche Schwierigkeiten. Vor allem unser İbo kam fast jeden Tag, von anderen Jungen verprügelt, traurig nach Hause, so daß ich eines Tages wütend vor der Tür des Lehrerzimmers nach seinem Klassenlehrer suchte. Wie ich dann von der jungen Lehrerin erfuhr, war es üblich, daß Neuankömmlinge von den anderen Kindern aus den Gecekonduschulen erst einmal tüchtig durchgeprügelt wurden, damit sie sich an die Regeln ge-

wöhnten. Das waren die ersten ungeschriebenen Gesetze der Gecekondugebiete, die wir erfahren mußten. Nach kurze Zeit überwanden die Kinder ihre Schüchternheit, der Druck rief ihren Widerstand hervor. Es war gut so.
Mir bereitete ganz etwas anderes Kopfschmerzen, nämlich, woher ich die Kundschaft kriegen sollte in dieser gottverlassenen Gegend, damit ich wieder nähen konnte. Es sah nicht so aus, als würde mir die Kundschaft von alleine das Haus einrennen, man mußte um sie werben, aber wie? An einem Sonntagmorgen kramte ich die Nähmaschine heraus, ölte und pflegte alle Teile mit einem Eifer, als könnte ich morgen früh wieder anfangen zu nähen. Dann fiel mir ein, durch İbos Lehrerin an die Eltern heranzutreten. Wenn es mir gelingen würde, sie als Kunden zu gewinnen, so könnte ich vor dem neuen Schuljahr haufenweise Aufträge bekommen. Vielleicht würde mir die eine oder andere der Mütter ein Kleid oder eine Pluderhose zutrauen. Ich hätte damals in der Not auf meiner Klapperkiste sogar einen Mantel zu nähen gewagt. Mit der Genehmigung des Inhabers klebten wir ein Schildchen an die Scheibe des Tante-Emma-Ladens an der Ecke: »Modeschneiderin, Atatürkstraße 19«. Jetzt blieb uns nur noch übrig zu warten. Nachdem die beiden Jüngeren morgens zur Schule gegangen waren, setzte ich mich mit Aslı ans Fenster und schaute auf die Straße, ob eine Seele vorbeikäme, möglichst mit einem Paket unterm Arm. Wenn erst eine käme und ich würde einmal zeigen, was nähen hieß, würde ich mich von Aufträgen nicht mehr retten können, davon war ich felsenfest überzeugt, nur mußte überhaupt jemand an die Tür klopfen. Nach der dritten stillen Woche verlor ich die Hoffnung völlig, die Verzweiflung wuchs. Es passiert mir nicht oft, daß ich in totale Hoffnungslosigkeit gerate, überhaupt keinen Ausweg mehr sehe, da ich gern lebe, das Leben selbst in schlimmsten Sackgassen irgendwie zu bewältigen gewußt habe; meine innere Lebenskraft, der

Hang in mir, mit aller Energie das Leben zu leben, hat mich nie im Stich gelassen. Ich bin eine fröhliche, kämpferische, lebenslustige, optimistische Natur. Wenn es aber einmal vorkommt, daß die Verzweiflung mich packt, dann ist es so schlimm, daß ich wiederum alles rettungslos schwarz sehe. Ich fühle, wie ohnmächtig der Mensch den Umständen gegenübersteht. Dann denke ich, ich komme nie mehr heraus aus der Tiefe. In diesem Teufelskreis sacke ich dann immer tiefer und werde immer hoffnungsloser. Dies ergreift dann meine gesamte Lebensanschauung. Es bleibt kein Faden an mir, der mir einen einzigen Lichtblick übrig läßt. Solch eine totale Tiefe hatte ich nach dem Tode meines ersten Mannes erlebt. Danach ging zwar nicht alles aufwärts - unser Leben hatte überhaupt keine extremen Höhen und Tiefen. Eben bis zum Umzug nach Ankara. Dabei hätte ich mich nur umzusehen brauchen, wie dreckig es den anderen Familien ging, die wie wir zur neuen Existenzsuche hierhergekommen waren und deren Lage sich nicht in absehbarer Zeit verändern würde. Wir hatten immerhin noch einige Ersparnisse, ich würde früher oder später wieder meine Kundschaft finden. Und auch Seydo würde schon irgendeine kleine Arbeit übernehmen können. Man mußte nur etwas Geduld haben. Trotzdem war es mit allem ein neuer Anfang in dieser fremden Stadt, alles neu, alles ungewohnt. Die notwendige Kühnheit besitzt man eben oft dann nicht, wenn's gerade nötig ist. Kurzum, mit Nähaufträgen aus der Nachbarschaft und von unseren Verwandten haben wir fast zwei Jahre mehr schlecht als recht gelebt. Seydo fand irgendwann eine Stelle auf dem Bau als Wächter. Da er aber ein Unruhegeist ist und das Herumsitzen in seiner Wächterbaracke ihn mehr anstrengte als alles andere, fing er freiwillig an, hier und da zu helfen. Andere von seiner Tüchtigkeit überzeugen wollend, stemmte er die schweren Balken und schleppte die zentnerschweren Zementsäcke. Die Warnungen seiner Kumpel konnten ihn davon nicht abhalten. Er brach zusammen. Nach tüchtigem Ärger mit dem Polier wurde ihm gekündigt. So ging die Arbeitssuche von vorne los; zuhause zu sitzen war gegen seine männliche Würde, lieber verbrachte er seine Tage in den Cafes mit Kartenspielen und Plaudern unter seinesgleichen, Arbeitslosen, Faulenzern. Zu einem unerwarteten Zeitpunkt und an einem unerwarteten Ort, nämlich zwei Bushaltestellen von unserem Haus entfernt, begann er, in einer Teestube als »Mädchen für alles« zu arbeiten. »Immerhin etwas«, dachten wir.

Wöchentlich zweimal ging er ins Krankenhaus, um sein Bein bestrahlen zu lassen; besonders an feuchten, kalten Tagen wurden seine Schmerzen unerträglich. Manchmal ging ich mit ihm ins Krankenhaus, um aus der erstickenden Einsamkeit unserer vier Wände herauszukommen. Selbst die Busfahrten ins Krankenhaus kamen mir anfangs wie eine halbe Weltreise vor. Die Stadt schien unübersichtlich und beängstigend. So viele Menschen, so viele Autos auf einmal, unzählige proppenvolle, bunte Geschäfte verdrehten mir den Kopf, vor allem die Stoffgeschäfte reizten mich. Ich ging in die Stoffläden hinein, als wollte ich etwas kaufen, ich fühlte und streifte die Stoffrollen, bewunderte die prachtvollen Farben und Muster, erinnerte mich an das Geschäft meines Pflegevaters. Mit einer Sehnsucht inhalierte ich das Geruchsgemisch aus Wolle, Baumwolle, Samt und Kunstfaserstoffen, das den Laden erfüllte. Dieser Duft führte mich in Gedanken zurück zu den von mir verräterisch verlassenen zwei alten Menschen. Jedesmal, wenn ich in diesen Geschäften aus dem süßen Rausch erwachte, war der Schmerz fast mit der Hand greifbar.

Ich kam mir vor wie eine Katze vor einem Metzgerladen. Mir waren Hände und Füße gebunden. Wie sollte ich es anstellen? Ich fragte ein paar Geschäftsinhaber der Stoffläden, ob sie mir nicht Kunden vermitteln könnten; ich wohnte in

Tuzluçayır, ich würde gut nähen und preiswert. Unberührt von meiner Not nahmen sie es zur Kenntnis. Es geschah aber daraufhin gar nichts.
Wieder bei einem unserer Krankenhausbesuche war es, als wir mit der für Seydos Bestrahlungen zuständigen Ärztin ins Gespräch kamen. Wir hatten uns nun unzählige Male gesehen, es waren auch immer wieder kurze Gespräche von ihr ausgehend entstanden. Die Ärztin machte äußerlich einen derben, fast einen männlichen Eindruck auf mich. Ihr Gang, ihre Schritte im Flur, - sie hatte einen Offiziersschritt - ihre Art, wie sie mit dem übrigen Personal und den Patienten umging, riefen in mir Ehrfurcht hervor. Sie war sehr gefürchtet; so schien sie jedenfalls.
»Wo lebst du?« (Es ist üblich bei den Behörden, die Gecekondubewohner zu duzen.)
»Hast du Kinder?« (Dies zu erfahren, war in ihrem, uns noch unbekannten Interesse.)
»Wodurch verdient ihr euren Unterhalt?« (Diese Frage hätte einen Schimmer von Hoffnung in mir erwecken können. - Nein, Dilan, warte ab, bloß keine falschen voreiligen Hoffnungen!)
»Ich brauche eine zuverlässige Frau...«, sagte sie. (Wir waren stumm, wie auf einem indischen Bett sitzend schauten wir auf ihren Mund.)
»Ja, für meinen Haushalt. - Sauberkeit, Zuverlässigkeit vor allem... Über die Konditionen können wir gleich reden, dreimal die Woche, vielleicht später fünfmal, acht Stunden, eine Krankenversicherung brauchst du nicht... Na wie wär's denn...?«
Seydo schaute mich mit Walroßaugen an, als wollte er sagen: »Nimm es, bitte tu es, für uns!«
Wir haben nicht über den Preis meiner Arbeitskraft verhandelt. Ich sagte ja. Es waren seltene Male in meinem Leben, in denen ich mir leisten konnte, entschieden nein zu sagen. Wie

immer ging es auch jetzt um das Schicksal meiner Kinder.
Am nächsten Morgen, als der Müezzin seinen Gebetsruf vom Minarett erschallen ließ, waren nur Männer unterwegs in Tuzluçayır, Männer, die, um an ihre Arbeitsplätze zu gelangen, zu der nächsten Dolmuşhaltestelle eilten. Ich stand in der zweiten, der letzten Gruppe an der Haltestelle. Es war kein Licht auf den Straßen, keine Laternen, kein Tagesschimmer. Mir hatte die Ärztin immer wieder beschrieben, wie ich ihre Wohnung finden konnte, wie oft ich umsteigen mußte, und um sicher zu gehen, hatte sie ihre Adresse in großen Buchstaben auf einen Zettel geschrieben, damit ich im Notfall einen Lesekundigen fragen konnte. Ich habe es nicht gebraucht. Als ich vor ihrer Tür stand, lag ihr Mann noch verschlafen im Bett. Sie öffnete mir die Tür in einem seidenen durchsichtigen Morgenmantel, mürrisch.
»Aber ich meinte doch nicht in aller Herrgottsfrühe!«
Ich war also zu früh gekommen; dabei hatte ich mich früh auf den Weg gemacht, um am ersten Tag nicht schon zu spät zu erscheinen. Es war ihr also nicht recht. Ich war ganz beschämt, eingeschüchtert. Ich bat sie, sich doch bitte zurück ins Bett zu legen: »Geben Sie mir etwas Arbeit, ich werde sie still in einer Ecke verrichten«, sagte ich. Ein Korb voll Socken, Strümpfe lagen schon bereit, um gestopft zu werden, sie drückte mir den Nähkasten in die Hand. Ohne ein Wort ging sie ins Schlafzimmer zurück. Die Tür wurde von innen verriegelt.
Die Zentralheizung in der Wohnung war über Nacht ausgewesen, im Keller schüttete jemand Kohlen in den Heizungsofen, in die Heizkörper flossen die ersten Tropfen Heißwasser. Ich setzte mich halb erfroren neben den Heizkörper, im Dämmerlicht konnte ich gerade die Farben auseinanderhalten und die gröbsten Löcher in den Socken sehen. Ich brauchte lange, bis die Finger wieder warm wurden. Ich rieb sie heiß und rot. Doch nicht die äußere Kälte war es, die mich

fast erfrieren ließ, sondern diese Wohnung, diese kalte Atmosphäre, die luxuriösen Gegenstände um mich herum inmitten dieser unpersönlichen Wohnung. Nein, ich schlotterte nicht mehr wegen der Kälte im Zimmer. Ich fühlte plötzlich, daß ich meine Würde verlor, meine Selbstachtung mir abhanden kam. Während ich im Halbdunkel die Socken des Herrn stopfte, liefen mir die Tränen unaufhaltsam herunter. Der Teufel flüsterte mir ins Ohr: »Geh, geh weg von hier, knall die Tür von außen zu, auf Nimmerwiedersehen!« Aber die Kinder, Seydos Bein; denn wer weiß, wie lange er noch Tag für Tag ins Krankenhaus ziehen mußte, und was würde die Ärztin dann sagen, womöglich ihn demütigen wegen meiner Flucht, dann würde Seydo alles auf mir abladen. »Also mußt du bleiben, Dilan, die Zähne zusammenbeißen.« Ich meine, es ist alles eine Überwindungssache, selbst der Tod. Der Schmerz bleibt nur so lange haften, bis er überwunden ist. Die Zeit heilt einiges, wenn auch nicht alles.
Wenn ich manchmal an meinen ersten Tag bei der Familie Özal denke, muß ich sogar über mich lachen. Der Tag verging, es vergingen Jahre in diesem Haus, genau 13 Jahre. Tagein, tagaus fuhr ich im Sommer und im Winter mit dem ersten Dolmuş morgens nach Farabi, von unserem Elendsviertel in die Gegend der Reichen, der Mächtigen. Jeden Morgen die gleiche Dolmuş fahrt bis Kızılay, von dort ging es mit den Stadtbussen über Basınevleri nach Farabi. Jeden Morgen die Gesichter der gleichen Menschen, die zur Arbeit fuhren und abends erschöpft mit halbleeren Taschen heimkehrten. Man hätte einen Roman schreiben können über die Gespräche auf diesen Fahrten. Wohl das wichtigste Thema für uns waren die Lebenshaltungskosten, die jeden Tag höher und höher stiegen. In jeder Regierungsperiode - ob links oder rechts - wurden zuallererst Verteuerungsaktionen erfolgreich durchgeführt, kurz nach den Wahlen waren alle Wahlversprechungen, insbesondere jene für die Gecekondubevöl-

kerung, vergessen, im Gegenteil, alle Wirtschaftsreformen, alle Neuerungen seitens der Regierung liefen zu unseren Lasten.
Die Gecekondus wuchsen um Tausende und Hunderttausende, neue Städte bildeten sich von Tag zu Tag um die Stadt Ankara herum. Jahrzehntelang verließen Menschen täglich ihre Heimatorte und zogen in die Hauptstadt, und alle Hoffnungen vertrockneten schon, bevor sie aufblühen konnten. Hunderttausende blieben auf der Strecke, und Hunderttausende vegetierten im Elend der Gecekondus dahin; nie und nimmer kann man unseren Schmerz mit rosenen Tüchern bedecken. Wir aus den Gecekondus sind »Bauern« für die feinen Leute. Doch wie dreckig es ihnen gehen würde ohne uns - ob ihnen das bewußt ist? Hoffentlich!
Frau Özal, ich rief sie Bedriye hanım mit ihrem Vornamen - eine Despotin sondergleichen - tyrannisierte mehr und mehr die sie umgebenden Menschen. Diese Eigenschaft zeigte sich zunehmend mit ihrem beruflichen Aufstieg. Wie ich schon sagte, war ihre Natur ohnehin sehr herb und herrisch. Als sie aber zur Oberärztin ernannt wurde, gab es anläßlich dessen eine stattliche Party im Hotel Dedeman; in der Einladung hatte sie darauf bestanden, daß die Damen in langen Kleidern zu kommen hätten. Wochenlang wurden Vorbereitungen getroffen, sie beriet mit ihrem Mann, es wurde hin und her gestritten, wer eingeladen werden sollte, wer nicht. Dabei war der Hauptstreitpunkt, daß ihr Mann, ein mittelmäßiger Schriftsteller, auch seine Schriftstellerfreunde, lauter brotlose Künstler, einladen und sie dagegen den Kreis möglichst klein halten und möglichst nur die prominentesten unter den Ärzten und Medizinprofessoren haben wollte. Je zahlreicher und prominenter die Gäste sein würden, desto tiefer müßte in die Tasche gegriffen werden, und da das Hotel Dedeman sowieso ein teurer Laden war, reichten die Streitigkeiten der beiden bis ins Ehebett.

Herr Özal, ich rief ihn Vecihi Bey, schrieb Kurzgeschichten, die wahrscheinlich nur von seinen Freunden gelesen wurden. Diese Tätigkeit brachte kein Geld - im Gegenteil, für die Veröffentlichung seiner Bücher mußte er selbst noch dazubuttern. Das war ein ständiger Streitpunkt im Hause Özal. Unter uns gesagt, war der Mann gar nicht so verkehrt. Er war gutmütig - selbst wenn man ihm das Brot aus der Hand gerissen hätte, würde er nicht 'nein' sagen. Er hielt jede Demütigung durch seine Frau aus, die ihm seine mangelnde Geschäftstüchtigkeit als unmännlich vorhielt. Er war sogar so friedfertig, daß er sich, wenn sie ihre Touren kriegte, still in eine Ecke setzte, bis ihre Wut vorüber war, damit sie nicht Teller und Tassen fliegen ließ. Er versuchte unermüdlich, sie mit seiner endlosen Geduld zu beruhigen, zum Beispiel, indem er jede Schuld - auch wenn keine Spur von irgendeiner Schuld da war - auf sich nahm. Dann wurde sie blitzartig wieder freundlich, manchmal sogar wie ein Schmusekätzchen, von dem man nur nie wußte, wann es wieder seine Krallen zeigen würde.
Ja, Vecihi Bey war aus einem guten Elternhaus, gut erzogen, mit hoher Ausbildung, hatte sogar einige Jahre in Deutschland studiert, kurzum, ein feiner Mann. Aber, aber, aber, er war ein Frauenheld. - Da er ja meistens zuhause schrieb und ich ganztägig dort tätig war, kamen wir durch kurze Unterhaltungen einander näher. »Dilan Bacı«, sagte er, »erzähl mir von dir, von deiner Vergangenheit.« Dann sagte er: »Du bist eine tapfere Frau, du bist eine Heldin.« Auf dem Gasherd blieb seine Teekanne den ganzen Tag warm. Während er schrieb, vergaß er alles. Ich kochte seine Lieblingsgerichte mit besonderer Sorgfalt, er steckte mir hin und wieder einen Zwanziger in die Tasche und sagte: »Meine Frau darf's nicht wissen.
Sie durfte vieles andere mehr nicht wissen, was ich wußte und wie ein Staatsgeheimnis hüten mußte. »Heute«, sagte er,

»habe ich eine Frau getroffen. Sie sieht aus wie ein junges Reh, schön und scheu...« Er verliebte sich immer wieder in Frauen, die wie ein Reh schön und scheu waren. Dann erzählte er von seinen Frauengeschichten in Deutschland mit deutschen Mädchen, schwärmte von ihrer Freigiebigkeit und Schönheit: »Sie machen keine Dramen, wenn man sich ihnen nähert«, sagte er. »In Deutschland müßte man leben...« Seine Frau hatte öfter Bereitschaftsdienst über Nacht in der Klinik, ich verließ abends das Haus, er blieb allein. Manchmal war er dem Durchdrehen nahe, wenn ich am nächsten Morgen wiederkam, seine Frau aber erst gegen Mittag heimkehrte. Nach solch einer Nacht war mit ihr kein Wort zu reden, sie nahm ein Bad und legte sich ins Bett. Wir mieden sie an solchen Tagen aus Angst vor einer Katastrophe; sie schlief dann bis in die Abendstunden. Ich brachte ihr Tee ins Schlafzimmmer, zündete ihre Zigarette an - so lag sie in ihrem durchsichtigen Nachthemd im Bett und las ihre Modezeitschriften. Um sich zu entspannen, sah sie abends dann allen Blödsinn im Fernsehen, der gesendet wurde. An solchen Tagen war sie wie ein Bulle, der alles rot sah und sprungbereit auf allen Vieren stand.
Anfangs nahm ich Vecihi Bey seine leichtsinnige Art, mit anderen Frauen umzugehen (Seitensprünge? Weiß ich nicht!), übel, scheute mich auch nicht, ihm diesbezüglich zwischendurch kleine vertrauliche Bemerkungen zu machen. Mit der Zeit jedoch verstand ich ihn. Was macht ein Mann in solch einer Ehe mit solch einer Frau? Ich meine, sie paßten nicht zueinander, aber das war ihre Sache. Krisen, Krisen, endlose Krisen. Sie zerrieben einander im Wechsel von Wut, Tränen, Demütigungen und wieder Umarmungen und lieben Worten. Und die letzteren, auch wenn sie kurzatmig waren, waren aufrichtig. Wenn man sie beide einander in den Armen liegen sah, dachte man, nun ist alles gut. Man hätte es nie für möglich gehalten, daß jene Tragödien sich nie wiederholen

würden. Zu solchen Zeiten, in denen sich ein Lichtblick für ihre gemeinsame Zukunft abzeichnete, wurden neue Hoffnungen geschöpft, neue Pläne geschmiedet, wie neue Anschaffungen, der nächste Urlaub usw. Für den Augenblick war alles voll himmlischer Eintracht. An solch einem Tag muß es gewesen sein - genau habe ich den Augenblick des freudigen Entschlusses nicht mitgekriegt, dieser Teil passierte sicher in ihren intimsten vier Wänden - als sie sich entschlossen, ein Kind zu machen. Ja, ein Kind zu »machen«, so wie man Kuchen backt, ein Kleid näht, ein Werkzeug herstellt, so ähnlich klang es in meinen Ohren, als Vecihi Bey mir die Nachricht ins Ohr flüsterte. Ich errötete.
Mein Leben lief zu keiner Zeit planmäßig ab, wie sollte es auch? So verstand ich nicht, daß trotz ihrer langjährigen Ehe - sie waren im »verflixten siebten Ehejahr« - immer noch keine Kinder geboren waren. Aber Bedriye hanım wartete auf ihre Berufung zur Oberärztin, Vecihi Bey wollte erst dann ein Kind haben, wenn er ein angesehener Schriftsteller geworden war. Der Stammhalter kam, noch bevor dieses Ziel erreicht war. Die neun Monate ihrer Schwangerschaft kannst du dir vorstellen. Vecihi Bey drehte sich um seine Frau wie eine Libelle ums Licht, sie zierte sich und kokettierte im Bewußtsein ihrer Fruchtbarkeit. Während der ganzen Zeit wurden Vorbereitungen getroffen, als würde der Kronprinz von Abessinien erwartet. Die Wohnung wurde renoviert, neue Sachen wurden angeschafft, das Kinderzimmer vom Besten bestellt. Alle ihre Freunde erwarteten das Kind dieses besonderen Paares mit großer Spannung. So wie sie ihre Kräche bis in die kleinsten Details mitkriegten, erfuhren und verfolgten sie die kleinen und großen Freuden des Ehepaares Özal. Worauf ihre Bekannten neugieriger waren als auf das Kind, war - ich erlaube mir, es ihnen zu unterstellen - ob diese vorzügliche Harmonie nach der Geburt des Kindes sich zum Besseren oder zum Schlechteren entwickeln würde. Ehrlich

gesagt, ich war darauf auch neugierig. Gott, dachte ich, hoffentlich geht das gut. Der Charakter meiner Arbeit im Haushalt - fünf Tage in der Woche, und es gab allerhand zu tun in einem nur Zweipersonenhaushalt - änderte sich insofern, als auf die Ernährung der Gnädigsten ja nun besonders Acht gegeben werden mußte. Jeden Morgen Milch mit Honig, verschiedene frisch gepreßte Obstsäfte aus seltenen Früchten, mageres Fleisch: das Beste vom Besten, viel Gemüse, wenig Brot - Brot macht das Kind dumm! Tee und Kaffee war untersagt, aber der Alkohol und Schlaftablettenkonsum wuchs, denn die Gnädigste fühlte sich nicht wohl, das Kind in ihrem Bauch fiel ihr zur Last. In den ersten Wochen der Schwangerschaft telefonierte sie stundenlang mit ihren Freundinnen - bürgerlichen und weniger bürgerlichen Frauen, mit ihrer ohrenbetäubenden, schrillen Stimme und teilte mit, wie glücklich sie sei. Doch mit der Zeit begannen ihre Klagen, denn die Rückenschmerzen nahmen zu, ihre Übelkeit hörte nicht auf, dazu »tobe« - so drückte sie es aus - das Kind in ihrem Bauch unaufhörlich, manchmal wache sie aus ihrem Schlaf auf und könne nicht mehr einschlafen, daher die Schlaftabletten - besonders peinlich sei es, wenn das Kind - während sie Patienten behandelte - zu toben anfinge. Als sie in den ersten Wochen ihrer Schwangerschaft war, wog sie sich jeden Tag und maß ihren Bauch, um zu sehen, ob es ein Grämmchen schwerer und ein Millimeterchen größer geworden war. Mit der Zeit ließ alles nach. Ich mußte während dieses ganzen Theaters an meine eigenen Geburten in einzigartigem Elend denken und mich fragen, ob diese Frauen aus einem goldenen Bauch geboren waren. Und wir?

Das Kind kam in eine farbenprächtige seidene Tücherwelt: Yağmur. Den Streit um den Namen des Kindes will ich dir doch noch erwähnen. Es ging hauptsächlich darum: »Wie nennen wir es, wenn es ein Junge, und wie, wenn es ein

Mädchen wird?« Vecihi Bey wollte das Kind nach den Namen seiner Eltern nennen, Bedriye hanım das gleiche. Sie meinte, die Vornamen ihrer Eltern seien halt moderner, klängen vornehmer und eben intelligenter als die Vornamen der Eltern ihres Mannes. So einigten sie sich auf den Namen Yağmur. Der Regen, Der Segen oder sowas ähnliches.
Was lagen für Zeiten und vor allem Welten zwischen diesem Haus der Özals und der Welt unseres Gecekondu in Tuzluçayır! Da fast alles in dieser Familie in meiner Anwesenheit geschah und ich nur weniges nicht mitkriegte - sie vertrauten meiner Schweigsamkeit sehr - lernte ich diese neue Welt, die Menschen dieser eigenartigen Welt genau kennen. Mein Horizont erweiterte sich zum Guten wie zum weniger Guten. Ich hatte das Glück, die Würde meines bescheidenen Lebens zu erkennen. Diese Umgebung war so anders, in die ich tagtäglich pendelte, daß ich meine weniger geheimen Erfahrungen beim Essen zuhause erzählte. Unsere Kinder wuchsen mit diesen Bildern einer ihnen für immer fremd bleibenden Sphäre heran. Wir haben uns jedenfalls an diesem unerschöpflichen Thema der heiklen Angelegenheiten der Familie Özal lange Jahre amüsiert. Yağmur, dessen Pflege und Erziehung seit dem Tage seiner Geburt mir überlassen wurde, wuchs und gedieh. Seine Mutter hatte weder die Zeit noch die Geduld, sich mit dem Kleinen zu beschäftigen, ihre Nerven hielten es einfach nicht aus. Wenn das Kind, aus welchem Grund auch immer, schrie, stopfte sie sich die Ohren zu, lief weg, schloß sich im Bad ein. Gestillt hatte sie das Baby kaum sechs Wochen. Durch den Streß, dem sie ausgesetzt war, blieb die Muttermilch weg. Aber mir war das Kind ans Herz gewachsen, und ich war praktisch seine erste Mutter. Sie kam wenn es ihre Zeit erlaubte - wie auf die Minute programmiert, um ihn zu bewundern.
Nun zur weiteren Beziehung zwischen Herrn und Frau Özal: Es ging mit ihr bergab. Leider! Die Streitigkeiten waren zwar

im Vergleich zu vorher weniger geworden, aber das lag hauptsächlich daran, daß die beiden sich kaum mehr sahen. Vecihi Bey trieb sich außerhalb herum, auch er hielt das Baby selbst, den ständig im Badezimmer herrschenden Windelgeruch und die dem Baby gehörenden, in der Wohnung plötzlich überhand nehmenden Gegenstände nicht mehr aus. Nur wenn Yağmur nachmittags schlief, kam er, um ihn zu streicheln und zu sagen: »Dilan Bacı, ist mein Sohn nicht süß...?«
An Schönwettertagen ging ich mit dem Kinderwagen spazieren und blieb weg, bis meine Beine nicht mehr konnten, damit sich Herr Özal in dieser kurzen Zeit an seinen Schreibtisch setzen konnte. Nach der Geburt von Yağmur, das war im dritten Jahr meines Daseins bei den Özals, wurde mein Gehalt auf das Doppelte erhöht. Dafür erwartete man von mir im Notfall, wenn das Kind krank wurde oder die Eltern verreisten, daß ich über Nacht bei ihm blieb. Ihn an solchen Tagen zu uns in die Wohnung mitzunehmen, damit ich von meinen eigenen Kindern nicht fernblieb, kam nicht infrage; weiß der Teufel warum, wahrscheinlich aus hygienischen Gründen. Darauf wurde besonders geachtet; ich vor allem mußte lernen, das Kind um Gottes willen nie ohne weiße, abgekochte Handschuhe anzufassen, meinen weißen Kittel gleich beim Eintritt ins Haus anzuziehen, damit ich die Bakterien unseres Gecekondus nicht ins reine Haus trug. Sie brachte dazu für mich einen Mundschutz aus der Klinik, damit, wenn ich irgendwelche Makel - gesundheitlicher Art - hätte, ich sie nicht durch meinen Atem auf das Kind übertrug. »Alles abkochen, um jeden Preis sauber sein«, sagte Frau Özal. Dazu stopfte sie das winzige Wesen mit allerlei Vitamintabletten voll: für's Blut, für die Knochen, für's Gehirn.
Vecihi Bey war schon ein paarmal bei mir zuhause gewesen, seitdem ich bei ihnen arbeitete, wenn er mich an manchen Winterabenden zu später Stunde mit seinem Auto heimfuhr.

Bedriye hanım hatte dazu nie Zeit. Ich will gerecht sein und zugeben, daß die beiden mich mit zunehmender Dauer immer lieber mochten, hilfsbereit waren und großzügig. Sie vertrauten mir absolut. Es hatte zwar lange genug gedauert, aber als es der Fall war, ließen sie kein Staubkorn auf mich fallen. Sie bezahlten meine Rentenbeiträge, und ich und meine ganze Familie waren durch mich krankenversichert. Sie taten alles, was in ihrer Macht lag. Bedriye hanım erzählte immer wieder, was sie über Frauen aus Gecekondus in den Haushalten ihrer Bekannten hörte: Sie stahlen, sie waren schmutzig, sie stanken, sie waren unzuverlässig, manche holten sogar ihre Liebhaber in das fremde Haus, während sie dort tätig waren, und, und, und. So merkte ich jedenfalls, wie froh sie waren, mich zu haben, mich, das Goldstück! Was sie bei mir vermißten, war etwas mehr Bildung und eine etwas städtischere Aussprache. Ich übte, städtisch zu reden. »Nicht Ana, sondern Anne«, »nicht Alma, sondern Elma«, so korrigierten sie mich. Diese Bedenken wurden allerdings erst nach Yağmurs Geburt aktuell. Sie fürchteten, das Kind würde mit meiner Dorf-Gecekondu-Sprache aufwachsen, das wäre doch eine peinliche Angelegenheit gewesen, nicht? Das Kind war, meine ich, schon im Mutterleib zu einem Musterknaben programmiert worden. Bereits mit drei Jahren wurde er allerlei Tests unterzogen, und man stellte fest, der Bub habe musisches Talent. Ich hielt es nicht für möglich, gar für eine verrückte Idee, aber das Ergebnis sehen wir heute.
Die Entfremdung zwischen dem Ehepaar wuchs fortwährend, so als würde dies mit dem zunehmenden Alter des Kindes zu tun haben. Die Kluft zwischen ihnen wurde immer größer. Vecihi Bey war jetzt des öfteren im Auftrag einer großen Tageszeitung irgendwo in Anatolien mit dem Auto unterwegs, um Reportagen zu machen. Bedriye hanım schmiedete engagierte Pläne für eine Arztpraxis. Das Kind war völlig vergessen. Sie wollte die Praxis in İstanbul eröffnen,

um schneller an das große Geld zu kommen. Vecihi Bey, der mit der Schriftstellerei nicht weitergekommen war, sah seine letzte Hoffnung nun in der Zeitungsarbeit als freier Journalist. Außer dem Kind gab es zwischen den beiden nichts Bindendes mehr. Nach monatelangen Unterredungen beschlossen sie, sich zu trennen, erst einmal nur örtlich und nach außen aus beruflichen Gründen, hieß es. Sie überließ das Kind freiwillig ihrem Mann. Der Haushalt wurde rasch geteilt, ohne Probleme, denn sie war völlig geblendet durch ihre eigenen Pläne für Praxis, Reichtum und Karriere. Tanzend verließ sie Mann und Kind, Heim und Freunde.
So, in der Abwesenheit der Mutter rückten wir drei noch näher zusammen. Wie mir dieses Kind am Herzen lag! Beinahe wie meine eigenen Kinder. Wenn der Vater auf Reisen war, nahm ich Yay̆mur nun doch des öfteren mit zu uns nach Hause. Die in den folgenden Monaten geführten Telefongespräche, die zwischen Ankara und İstanbul Stunden dauerten, nützten nichts. Die Ehe der Özals war zur Trennung verurteilt; etwa ein Jahr nach ihrem Auszug aus dem Haus wurde die Scheidung vollzogen. Yağmur blieb nach wie vor beim Vater. Die Mutter, deren Praxis nun ja zu blühen schien - sie hatte, so klatschte man, undurchsichtige Beziehungen zu reichen Männern, die ihr die Praxis finanzierten - war sogar freiwillig bereit, fürs Kind Unterhaltsgeld zu zahlen. Ihre Freiheit, ihre berufliche Karriere ging ihr über alles.
Nun zu dem Kind. Mit fünf Jahren lernte Yağmur Klavierspielen. Mit neun Jahren gab er Konzerte im In- und Ausland, mit elf Jahren war er unter den fünf musisch höchstbegabten Kindern der Türkei; er übersprang im Konservatorium vier Klassen auf einmal, und mit zwölf Jahren bekam er die Auszeichnung »Das besondere Kind«; er wird mit den höchsten staatlichen Mitteln gefördert. Bei seinen Konzerten habe ich immer einen Platz in der vordersten Reihe. Ich begleite

ihn bis zur Bühne und sage ihm jedesmal: »Yağmur, du bist der Größte, es gibt keinen Größeren!« Er lacht in seiner kindlichen Naivität, mit dieser Kraft tritt er auf. Die Säle sind überfüllt, er spielt mit göttlicher Hingabe stundenlang, seine kleinen Finger springen zwischen den Tasten so schnell, daß das Auge kaum folgen kann. Er spielt Mozart, Bach, Beethoven, Debussy, er komponiert sogar selbst. Dieser kleine Wurm beugt sich wie ein großer Meister am Ende seiner Konzerte vor seinem begeisterten Publikum, völlig schweißgebadet, und rennt von der Bühne zu mir; er begräbt außer Atem seinen Kopf in meinem Arm, wir bleiben so stehen, bis der letzte den Saal verlassen hat. Dann erst nimmt er die Gratulationen seiner Stiefmutter Hesna hanım und seines Vaters entgegen.

Jetzt, wo der Junge sich musterhaft entwickelt hat, wo er anfängt, Namen und Ruhm zu erlangen, jetzt kommt seine Mutter mit Anwälten und Richtern und Geldangeboten, um ihn von seinem Vater zurückzubekommen. Durch Drohungen verdunkelt sie seine kleine Welt. Schamlos beharrt sie darauf, ihn zurückzukaufen. Yağmur ist noch ein Kind. Wenn man ihn auf der Straße mit seinen Freunden Scheiben zerschmeißen, sich prügeln, Fußball spielen sieht, glaubt man nicht, daß dieses Kind in seinen Konzerten Hunderte von erwachsenen Menschen fesselt, die ihn atemlos Wunder vollbringen hören. Und dann klettert er mit seinen Freunden auf die Strommasten, um Frauen in ihren Schlafzimmern zu beobachten. Seine Lieblingsbeschäftigung ist, Witze zu erzählen, Witze unter der Gürtellinie, die er irgendwoher, sicher von erwachsenen Männern, aufschnappt. Da er sich immer selbst krumm lacht, wenn er sie mir erzählt, kriege ich sie erst bei der zweiten Fassung mit und bin jedesmal entgeistert.

Sein Vater ist und war immer sein bester Freund. Vecihi Bey aber hat ihm auch seinerseits alles gegeben. Yağmur ging ihm immer über alles. Nach seiner Scheidung war er lange Zeit resigniert und fest entschlossen, nie wieder zu heiraten. Er litt lange Jahre unter den schmerzvollen Erinnerungen an seine Ehe. Er begegnete Hesna hanım eines Tages, und ich denke, auch diese Beziehung stand für ihn unter dem Zeichen, in unklarer Zukunft irgendwann auseinanderzugehen. Doch die Güte und die großartige Geduld, die sie für ihn aufbrachte, band ihn an sie. Sie war nie verheiratet gewesen, eine studierte Frau, hatte eine hohe Position im Ministerium für Bildung und Erziehung; sie ist ein guter Mensch, eine gute Hausfrau und eine wunderbare Mutter für Yağmur.

In den Jahren, als Vecihi Bey, ich und Yağmur in diesem Haushalt immerhin tagsüber zusammenlebten, tat ich mein Bestes, um dem Jungen die Mutter wenigstens annähernd zu ersetzen. Doch es fehlte das gewisse Etwas, es fehlte die Mitte des Hauses. Es zerriß mir das Herz, wenn ich abends die beiden Männer verlassen mußte. Kam Vecihi Bey abends um eine Viertelstunde zu spät, war es war für Yağmur die Hölle. Er saß am Fenster und wartete unter Tränen auf seinen Vater, er war nicht zu beruhigen. Wenn der Vater nach einer halben Stunde immer noch nicht zuhause war, war die Verzweiflung groß. Ich wußte keinen anderen Rat, als Vecihi Bey immer aufs neue zu bitten, pünktlich zu sein. Aber wie die Männer so sind, blieb er immer wieder mit seinen Freunden in irgendeiner Kneipe hängen. Wenn er außerdem etwas trank, wurde es eben spät. Ich konnte das Kind ja nicht allein lassen. So nahm ich es mit zu mir nach Hause; irgendwann spät nachts holte der Vater Yağmur dann ab. Bis er abends kam, machte der Junge kein Auge zu, nichts konnte ihn ablenken, er zitterte und war nicht mal in der Lage, etwas zu essen.

Als Vecihi Bey und Hesna hanım heirateten, gab es zwar wieder einen Mittelpunkt des Hauses, Yağmur aber war nicht ganz glücklich über dieses Ereignis. Nicht nur im

Haushalt wurde einiges verändert, der gesamte Ablauf des Lebens wandelte sich, nachdem Hesna hanım ins Haus gekommen war. Das Haus füllte sich mit würdevollen Gästen, unsere Dreisamkeit endete. Feine Menschen umgaben uns plötzlich. Hesnas außerordentliche Fraulichkeit machte das Haus häuslicher, ihre Geborgenheit austrahlende Person stellte erstmals in diesem Haus Harmonie her.
Was die Zeit nicht alles schlichtet, welche Wunden heilen nicht durch die geheimnisvolle Zauberkraft der Zeit? Turbulente, ruhige, weniger ruhige Zeiten herrschten in unserem Land, in unserer Stadt, unseren vier Wänden wie in unseren Herzen. Kinder wuchsen heran und nahmen Plätze an rechten und linken politischen Fronten ein. Alle wollten dieses Land in ein besseres Land verwandeln. Sie starben in der Überzeugung, sich für das Vaterland geopfert zu haben. Ihr Kampf scheiterte mehrmals. Dieselben Kinder des hochgeliebten Vaterlandes begingen aneinander Brudermord. Sie scheiterten, doch neue Generationen wuchsen nach; mit viel stärkerer Überzeugung setzten sie den alten Kampf fort. Manchen reichten Ideen nicht aus, um ans Ziel zu gelangen, sie griffen zu den Waffen, sie töteten, sie starben. Auch Frauen und blutjunge Mädchen nahmen daran teil. Mütter verwünschten den Feind in der schlimmsten Weise, aber wer war der Feind, wo steckte er?
Im Jahre 1980, kurz bevor die Militärs die Macht ergriffen, war unser İbo zwanzig Jahre alt: Er hatte gerade angefangen zu studieren. Aslı, unsere Ältere, hatten wir mit einem jungen Arbeiter in Deutschland verlobt und waren bei den Hochzeitsvorbereitungen. Nazlı, die Jüngere besuchte die Mittelschule. Aslıs Hochzeit erfolgte Hals über Kopf, und schon war sie weg nach Deutschland. Zu dem Zeitpunkt herrschten bürgerkriegsähnliche Zustände im Lande. Ankara war das Zentrum der schlimmsten Straßenkämpfe, man zählte etwa dreißig Menschen täglich, die bei diesen Kämpfen fielen.

Zehntausende von Menschen demonstrierten gegen die Regierung mit dem Slogan »unabhängige Türkei«, besonders in den Gecekondugebieten konzentrierte sich der Kampf. Die Bevölkerung der Stadt war in verschiedene politische Gruppierungen gespalten, alle wollten das Land »befreien«. Die Stadt bestand nur noch aus lauter durch verschiedene Fraktionen befreiten Zonen. Kein Mensch war seines Lebens mehr sicher, niemand, nicht die innerhalb, auch nicht die, die außerhalb der Bewegungen standen. Die Universitäten waren wie Bienenkörbe, und unser İbo war wie tausend andere dabei. Seine Entwicklung machte mir Sorgen; mit wem er zusammen war, was er trieb, sagte er nie. Jeder Versuch unsererseits, Einfluß zu nehmen, war ohne Ergebnis. Manche Nächte, wenn er einfach wegblieb, hoffte und betete ich nur, daß er heil nach Hause kommen möge. Je stärker wir Druck ausübten, desto wilder wurde er und blieb halt ganze Nächte von zuhause weg. Mir blieb nichts anderes übrig, als den Mund zu halten und ihn tun zu lassen, was er wollte. Mit Mädchen hatte er nichts im Sinn, das wußten wir, er mischte sich unter die Politischen. Das Studium hatte er an den Nagel gehängt, er las alles andere, aber kein Buch für sein Studium. Politische Bücher, Zeitschriften, die er las, ließ ich einmal verschwinden. Dann schleppte er neue an. Flugblätter, die ich in seinen Taschen fand, steckte ich in den Ofen. Er machte uns keine Vorwürfe wegen unserer Unkenntnis. Da wir die im Lande herrschenden Verhältnisse nicht so wahrnahmen wie er, hielt er uns lange Vorträge, von Ausbeutung und von Imperialismus und so weiter... Wir verstanden kein Wort. Immer wieder versuchte er, uns mit einfachen Worten zu erklären, warum dies alles war; vieles klang selbst für unsere ungebildeten Ohren richtig. Nazlı, unsere Jüngste, ergriff immer mehr Partei für ihren Bruder; in die Gespräche mischte sie sich häufig ein.

Ich meinte dagegen, er solle sein Studium zu Ende bringen,

einen vernünftigen Beruf haben, damit wir endlich etwas zur Ruhe kämen. 13 Jahre lebten wir nun in einem Blechloch, in dem woanders nicht einmal Straßenhunde hausen würden. Ich war müde geworden, mein ganzes Leben verging im Kampf um das tägliche Brot, unsere Sorgen endeten nie, darum sollte İbo die Finger von solchen gefährlichen Dingen lassen und uns eine Stütze werden. Aber vor allem hatten wir Angst um sein Leben. Er hätte jede Minute das Opfer eines Schusses werden können. »Was mache ich dann?« dachte ich. Innerlich unterstützte ich seine Ideen, hatte aber gleichzeitig eine höllische Angst, es könne ihm was passieren. Er redete dagegen mit einer Inbrunst: »Wenn ich nicht sterbe, du nicht stirbst, wenn ich nicht brenne, wenn du nicht brennst, wer soll dann die Finsternis ins Licht rücken...?« Mitten in solch einem Streit klopfte es eines Abends an der Tür, die Polizei stürmte ins Haus mit bellenden Hunden, sie durchsuchten alles, beschlagnahmten ein paar Bücher und nahmen ihn mit. Noch in derselben Nacht nahm ich mir ein Taxi und fuhr zu Vecihi Bey; die halbe Nacht berieten wir, was nun zu tun sei. Er führte zahllose Telefonate, dann fuhr er mich nach Hause; die Gespräche wurden bei uns fortgesetzt, bis der Morgen anbrach. Seydo war immer auf der Seite des Jungen, er warf mir vor, zuviel gejammert zu haben, er hatte viel mehr Mut. Wie sollte er auch anders denken, die letzten 15 Jahre hatte er praktisch nur zuhause gesessen und das Haus gehütet, er wußte nicht, wie das Leben draußen ablief. Ich wollte nichts als meinen Sohn heil wiederhaben! Am nächsten Morgen fuhr ich mit Vecihi Bey zu einem Anwalt, der umfangreiche Erfahrungen in solchen politischen Sachen hatte. Die Nacht hatte ich kaum ein Auge zugemacht vor Angst, es liefen Gerüchte über Folterungen in den Gefängnissen. Als ich beim Anwalt auf dem Stuhl saß, schrie ich: »İbo, mein Sohn, wozu ist das alles gut?« und fiel in Ohnmacht. Mit Hilfe einer halben Flasche Kölnisch Wasser kam

ich wieder zu mir, der Anwalt beruhigte mich: »Mutter«, sagte er, »ich verspreche dir, ich werde İbo herausholen.« Vier Tage blieb İbo in Untersuchungshaft, wir durften ihn in dieser Zeit nicht sehen. Am Tage der Gerichtsverhandlung sah ich ihn, als er in den Saal eintrat, mit Rändern unter den Augen und Bartstoppeln im Gesicht. Er bemühte sich, mir Trost zu schenken, zu lächeln, es gelang ihm sogar. Wir hatten außerdem ein unverhofftes Glück, denn der Staatsanwalt war ein guter, humaner Mensch, der später von Anhängern einer rechtsextremistischen Partei vor seinem Hause erschossen wurde. İbo wurde freigesprochen. Als wir zuhause waren, fing ich an - genauso, wie ich es mir in den letzten vier Tagen vorgenommen und Wort für Wort auswendig gelernt hatte, ihm zuzureden, von hier wegzugehen. Er war ohnehin wie verwandelt nach diesen Tagen, machte kaum den Mund auf. Er saß im Schneidersitz in der Ecke und blickte auf einen Punkt, zuckte bei jedem kleinen Geräusch zusammen, sprang von seinem Platz hoch, wenn es an der Tür klopfte. Was in diesen vier Tagen Untersuchungshaft passiert ist, haben wir nie erfahren. Meine Idee war, ihn nach Deutschland zu schaffen. Inzwischen hatte Aslı mehrmals angerufen, sie machte sich große Sorgen um ihren Halbbruder. Sie bot an, ihn dort studieren zu lassen und für alles aufzukommen. Dann sprach sie einmal lange am Telefon mit ihm, er aber wollte sich noch einmal alles durch den Kopf gehen lassen. Vecihi Bey redete ihm unermüdlich zu und erzählte von den Jahren, in denen er selbst in Deutschland studiert hatte, berichtete schöne Dinge über Deutschland, um ihm das Fortgehen schmackhaft zu machen. Er machte ihn darauf aufmerksam, daß ihn bei einer neuerlichen Verhaftung niemand mehr würde herausholen können. İbo war noch sehr jung, daher eigentlich leicht beeinflußbar.
İbo meldete sich von der Universität ab, Vecihi Bey besorgte Touristen-Paß und Flugticket, und wir trafen in dieser Zeit

alle möglichen Maßnahmen, damit er sich nicht im letzten Moment von seinen Kameraden zum Hierbleiben überreden ließ. Als das Flugzeug in die Wolken aufstieg, atmete ich auf. Aslı und ihr Mann wollten ihn in Frankfurt vom Flughafen abholen, der Rest war gesichert, er war aus der Gefahrenzone heraus.

Seydo war nun mit Nazlı, die ja auch inzwischen herangewachsen war und die Schule sehr ernst nahm - sie brachte in jedem Schuljahr zwei Erfolgs- und Dankzertifikate von der Schule mit -tagsüber alleine. Ich spielte schon lange mit dem Gedanken,meine Arbeit aufzugeben. Yağmur war mit seinen 13 Jahren ein großartiger junger Mann geworden. Ich wurde zwar noch gebraucht, doch ich wollte jetzt endlich zur Ruhe kommen. Zu meinem Entschluß kam ich aber nicht von allein: In der Zeit, als İbo nach Deutschland ging, war Aslı schon schwanger; sie äußerte den Wunsch, das Kind uns zu überlassen, damit sie weiterarbeiten konnte.

Meine Rentenbeiträge wurden zwar regelmäßig bezahlt, um aber nach 13 Arbeitsjahren einen Anspruch zu haben, hätte ich für die restlichen zwei Jahre die Rentenbeiträge selbst zahlen müssen. Ein anderer Weg wäre die Anerkennung als Frührentnerin, für die man eine handfeste Krankheit haben oder eine solche erfinden müßte. Dazu wiederum waren Beziehungen nötig. Gewöhnlich haben diejenigen, die Geld besitzen, auch die nötigen Beziehungen. Wenn man in unserem Land kein Geld, vor allem aber keine Verbindungen hat, dann kann man gleich einpacken. Um die zwei Jahre Rentendifferenz zusammenzukriegen, brauchte ich mir gar nicht den Kopf zu zerbrechen, es gab in dieser Hinsicht keine Lösung. Außerdem war da noch ein Problem, nämlich wie ich der Familie Özal beibringen sollte, daß ich mich nun entschlossen hatte, sie zu verlassen. Durch die Jahre war unser gemütliches Beisammensein von Frau zu Frau nach ihrem Feierabend, unsere Plauderstunde beim Tee, zu einer

obligatorischen Gewohnheit geworden. Bei einem dieser Teestündchen nach getaner Arbeit erzählte ich Hesna hanım von meinem Wunsch, bald in den Ruhestand zu treten. Sie war wie vor den Kopf geschlagen, sie fragte erschrocken: »Gefällt es dir nicht mehr bei uns, Dilan Bacı?« Ich mußte weit ausholen, ihr lange begründen, warum ich mich nun dazu entschlossen hatte. Traurig hörte sie mir zu und versprach, Vecihi Bey darum zu bitten, alles in Gang zu setzen, um meinen Wunsch zu verwirklichen. Es gäbe eventuell einen Weg, den sie mir vorerst nicht nennen wolle, bevor sie mit ihrem Mann darüber beraten hätte. Wenn die Rentengeschichten glatt über die Bühne gingen, wollte ich nach Deutschland zu meinen Kindern, ein paar Monate dort ausspannen, Aslıs Kind hüten; das erste Mal in meinem Leben ein bißchen für mich selbst sein. Gott möge meine Taten nicht als berechnend verstehen, aber nur für kurze Zeit wollte ich ohne Pflichten auf den Schultern leben - als wäre das möglich!
In den folgenden Tagen reichten wir die Rentenanträge ein, mit einem Attest, in dem wegen meines geschwächten Herzens Frührente legitimiert war. Der Arzt war ein einflußreicher Freund von Vecihi Bey, er saß jedenfalls im entsprechenden Ausschuß der Rentenanstalt, so daß nichts hätte schiefgehen können. Während dieser Zeit erkannte ich durch meine endlosen Laufereien in den Behörden, wie verstaubt und um Jahrhunderte veraltet unsere Bürokratie ist, wie die Bürger zu Korruption und Bestechung geradezu gezwungen werden, wie teuer mancher Stempel und manche schmierige Unterschrift war. Dabei hatte mich überall die Hilfe von Vecihi Bey begleitet, hatte ich ein unvorstellbares Glück gehabt! Ein Vierteljahr später kam die Bewilligung; diese Zeit bedeutete für mich Zittern und Abwarten. Es wäre durchaus möglich gewesen, daß man das Attest nicht ausreichend begründet fand. Man hätte mich einer weiteren ärztli-

chen Untersuchung unterziehen können, und ich wußte ja nicht genau, was ich am Herzen hatte. Doch es klappte. Ich sollte sogar eine relativ hohe Rente bekommen. Das erste, was ich danach tat, war, das Visum für Deutschland zu beantragen. Damit hatte ich weitere wochenlange Laufereien zu bewältigen.
Bis zum Flughafen Ankara begleitete mich das Ehepaar Özal. Der Abschied war schwer, doch auf der anderen Seite war die Freude groß. Aslı und İbo warteten in Hamburg am Flughafen, alles hatte reibungslos geklappt, erfolgreiche Monate waren es wie nie zuvor.
Erst im Flugzeug senkte sich mir der Abschiedsschmerz tief ins Herz. Sorgen über Nazlı und Seydo, ob sie ohne mich zurechtkämen: Seydos Bein machte ihn zum halben Krüppel. Ohne Nazlıs Hilfe wagte er sich nicht mehr in die Stadt, seine Krücken haßte er wie die Pest. Die Ärzte hatten ihm reinen Wein eingeschenkt; das Bein würde nicht mehr heilen, er mußte es also sein Leben lang so mit sich tragen. Gott sei Dank war er durch mich krankenversichert; das ist Gold wert in unserem Land.
Ich blieb ein ganzes Jahr in Hamburg, und ich wäre gern noch länger dort geblieben, wenn niemand in Tuzluçayır in unserem Blechschloß auf mich gewartet hätte. Anfangs war ich nur ans Haus gebunden. Weil Aslıund ihr Mann berufstätig waren, hatte ich das kleine Würmchen zu versorgen, half hier und da auch im Haushalt. Langsam begann ich, sogar alleine kleine Besorgungen zu machen, ich fühlte mich wohl dort. Aslı hatte einen weiten Bekanntenkreis, das Haus füllte sich mit Gästen an den Wochenenden, mit Freunden aus aller Herren Länder. İbo studierte; er erledigte alles, was ihm an Arbeit in die Hände fiel. Er hatte sich einen Bart stehen lassen. Nach Mädchen stand ihm auch dort nicht der Sinn; er hatte sich aber einer politischen Ausländerinitiativgruppe angeschlossen; nun kämpfte er für die Rechte der Türken in

Deutschland. Er war fleißig im Studium. Wie schnell hatte er Deutsch gelernt. Häuslich war er geworden, wie verwandelt in seinem Charakter. War er schon immer bescheiden gewesen, so hatte die kurze Zeit in Deutschland ihn erwachsen und reif gemacht.
Als ich wieder abreisen mußte, bekamen wir Schwierigkeiten mit den deutschen Behörden. Der Beamte in der Ausländerbehörde meinte, ich hätte als Touristin nicht länger als drei Monate bleiben dürfen, war aber ein ganzes Jahr stillschweigend ohne Aufenthaltsgenehmigung geblieben. Keinem von uns war dies klar gewesen. Auch Aslı hatte nicht gewußt, daß ich, ihre Mutter, doch keine fremde Person und nicht eine einfache Touristin, nur drei Monate hätte bleiben dürfen. In unserem Land fragt man keinen Touristen, keinen Gast, wie lange er dort bleiben will, Gäste gehen eben dann, wenn es ihnen recht ist. Unsere Angst war, dadurch straffällig geworden zu sein. Ich sagte in der Ausländerbehörde, wenn sie bestrafen wollen, dann sollten sie mich ins Gefängnis werfen, meine Tocher hätte damit nichts zu tun. Aslı übersetzte. Der vollbärtige deutsche Beamte meinte aber, die eigentliche Straftat sei durch Aslı begangen worden, da sie mich verschwiegen und in ihrem Haushalt verborgen hätte. Ins Gefängnis wollten sie aber niemanden werfen; sie errechneten eine Geldbuße von etwa tausend Mark, und ich mußte innerhalb von fünf Tagen das Land verlassen. Ich nahm meine Enkelin, Aslıs Tochter Ömür, unter den Arm und verließ Hamburg in Richtung Heimat.
Dieses, für Tuzluçayır fast feudale Gecekondu, in dem du heute mit mir sitzt, bauten Aslı und ihr Mann von ihren Ersparnissen in Deutschland; sie richteten es für uns ein, damit wir es endlich auf unsere alten Tage gut haben. Meine Rente reicht nicht aus, wenn größere Anschaffungen gemacht werden müssen. Aslı, jetzt auch İbo, der inzwischen ein nettes Mädchen dort geheiratet hat, schicken uns immer

wieder etwas, so daß wir eigentlich nie in einen Engpaß geraten. Meine erste Enkelin Ömür blieb ein Jahr bei uns in Tuzluçayır. Ihre Mutter Aslı hielt es ohne sie nicht lange aus, sie nahm sie wieder mit. İbo und seine Frau wohnen in Hamburg im selben Haus wie Aslı. Da die Schwiegertochter zur Zeit schwanger ist und zuhause sitzt, ist sie froh, daß Ömür da ist. Die vier, meine Kinder in Hamburg, sind ein Herz und eine Seele. Gott möge keinen bösen Blick auf sie alle treffen lassen.
Nun, hier hat sich ja auch einiges ereignet. Nazlı, die Jüngste, hatte sich gegenüber früher sehr verändert, besonders in schulischen Dingen. Wahrscheinlich in dem Jahr, in dem ich in Hamburg war, ließ ihr Ehrgeiz im schulischen Schaffen nach, mit Ach und Krach kam sie bis zum Abitur und brachte schließlich einen jungen Mann ins Haus, der keine Eltern mehr hatte; sie hatten beide ihr Abitur und wollten also heiraten. Nazlı, deren Ehrgeiz für Studium und Karriere vorher nie groß genug sein konnte, sah ihr weiteres Glück nur noch in den Augen des zukünftigen Mannes. Wir wurden Mutter und Vater für beide, wir verheirateten sie und nahmen sie ins Haus. So eine Liebe, wie die beiden heute noch füreinander empfinden, wird man nicht einmal in den Liebesmärchen von Tausend und einer Nacht finden. Ein neues Leben herrschte in unserem Haus. Nazlı und Barış bekamen bei einer Bank Arbeit. Nun zogen sie Tag für Tag im Morgengrauen in die Stadt. Abends trafen sie erschöpft zuhause ein. Hand in Hand wie zwei Turteltauben strahlten sie Licht und Liebe aus. Als wir erfuhren, daß Nazlı in anderen Umständen war, war unser Glück unermeßlich. Ahnungslos, welch finsterer Blitz uns treffen würde, warteten wir auf das Licht der Lichter. Türküler wurde geboren. Noch im Krankenhaus erfuhren wir, daß dieses kleine unschuldige Leben das Licht nie sehen würde. Schwarze Wolken bedeckten den Himmel über unserem Haus. Sie durfte durch

ihre Blindheit nichts auf dieser Erde missen. Ich stürzte mich mit all meiner Lebenskraft auf Türküler. Alles wollte ich hergeben für sie, wenn nötig meine beiden Augen. Aber es war zwecklos, weder die teuersten Behandlungen noch andere gesunde Augen würden sie je sehen lassen.

Türküler ist ein hochgradig sensibles Kind. Da ihre Eltern weiterhin berufstätig sind, bin ich Tag für Tag um sie. Nichts soll sie entbehren, nichts soll ihr fehlen. Ich werde alles, was in meiner Macht liegt, für sie unternehmen, damit sie später wie ein Mensch mit zwei sehenden Augen die Welt aufnehmen und ihren Teil am Leben voll auskosten kann. Sie wird lernen, alleine, mit zwei blinden Augen, alles, was ein normal sehender Mensch tut, auch zu tun. Schule, Studium, Bildung, alles werde ich für sie ermöglichen. Noch lebe ich, und dieses kleine, blinde Wesen bedeutet, daß ich noch lange leben muß, so lange, bis sie auf ihren eigenen Beinen stehen kann, erst dann werde ich mich zum Sterben entschließen. Seit Türkülers Geburt nehme ich stärker am Gemeindeleben teil. Besonders nachdem ich zum Gemeindevorstand gewählt wurde, bin ich oft unterwegs, und sie ist überall bei mir. Unermüdlich erkläre ich ihr alles. Was ihr Auge nicht aufnehmen kann, muß ihr erklärt werden. Sie hat unendlich viele Fragen. Ist es möglich, die Welt ohne Augen zu begreifen? Aber sie soll alles wissen in dieser Welt, alles selbst verstehen, von niemandem soll ihr etwas diktiert werden. Ihre Blindheit darf sie nicht den weltlichen Fragen gegenüber ohnmächtig machen.

Sie muß sogar besser sein als wir, die zwar zwei gesunde Augen hatten, aber nicht sahen, die zwar viel auf sich nahmen, aber alles mit sich machen ließen, dorthin rannten, wohin die Herde geführt wurde.

Bald finden kommunale Wahlen statt. In unseren Elendsvierteln wird viel Propaganda getrieben und ebensoviel gelogen. Licht, Kanalisation, Schule, Straßen wollen sie uns bringen.

Die Lautsprecher dröhnen aus den vorbeifahrenden Autos. Unverschämt werben sie um unsere Stimmen. Türküler muß wissen, daß sie und ihre Generation diesen Lügen ein Ende setzen müssen. Darum muß Türküler wach sein, hellwach.

»Es gibt weder große Entwicklungen noch wahren Fortschritt auf dieser Erde, solange noch ein unglückliches Kind auf ihr lebt.«
A. Einstein

Şirin

»Besetzt sie doch, los! Worauf wartet ihr noch?«
Da, drüben am Fuß des gegenüberliegenden Hügels, standen tatsächlich zweitausend Häuser, nagelneu, bezugsfertig. Der Staat hatte sie gebaut, eines wie das andere. Wie zweitausend weiße Streichholzschachteln standen sie nebeneinander und schauten mit hohlen Fensteraugen unbeteiligt auf die Obdachlosen. Es schien ihnen egal, ob sie bewohnt oder unbewohnt waren.
»Für wen hat man sie gebaut...?« fragten Menschen aus der bei der Wahlkundgebung versammelten Menschenmenge. Die Antwort des sozialdemokratischen Politikers war zu kompliziert, um von der Gecekondubevölkerung verstanden zu werden.
In dem Durcheinander der Ausrufe wurde nur das Wort »Genossenschaften...« klar gehört.
»Was sind denn die schon wieder?« fragten die Leute. Eine noch kompliziertere Antwort folgte.
»Und für wen sind nun diese gottverdammten Häuser gebaut worden...?« fragten sie zurück.
»Für die Bediensteten...« Wie sollte man das nun verstehen?
»Und was ist, wenn die Eigentümer kommen oder die Genossenschaft uns hier herausjagt?«
»Geht und besetzt die Häuser, das ist mein letztes Wort!« sagte der Bürgermeister, der politisch links von der Mitte stand.

»Aber eines sollt ihr wissen: Wenn ihr diese Häuser nicht bezieht und ich komme wieder und ihr schreit immer noch, ihr hättet kein Dach überm Kopf, dann kann ich nur eines sagen, Gott möge euch helfen, und laßt euch bei mir besser nicht mehr blicken!« Dann stieg er in eine schwarze Limousine und fuhr davon.

Seit langem hatten die obdachlosen Familien keine ruhige Nacht mehr gehabt. Nun aber war eine neue Hoffnung mit Händen greifbar. Noch bevor sie sich am Abend auf ihren Strohbetten schlafen legten, packten sie den größten Teil ihrer Sachen zusammen, umzugsbereit. Im Winter waren diese Familien mit Kind und Kegel bei Bekannten und Verwandten untergekrochen, jetzt, in den heißen Sommernächten, schliefen sie auf den Dächern; in den Gecekondus hielt man nun die Hitze selbst in der Nacht nicht aus. Die Kinder kuschelten sich an die Brüste der Mütter mit der Hoffnung, morgen, schon morgen im eigenen Haus zu wohnen. So schliefen sie unter den Millionen am hellen, klaren Himmel glitzernden Sternen ein. Die Väter fanden noch keinen Schlaf; sie organisierten in Gedanken den Transport der Umzugsgüter. Die Kleineren und Schwächeren sollten die leichteren Sachen, die Stärkeren die Hauptlast tragen. Die Einrichtung war Sache der Frauen. Putzen und einräumen... sie sollten es tun, solange sie dazu Lust hatten, und man verabredete sich, am Abend des Umzugstages, wenn die Häuser schon einigermaßen wohnlich seien, wolle man bei Sonnenuntergang den Frühabendtee vor den Häusern gemeinsam trinken. »Oh, ein herrliches Leben werden wir führen!«

Im letzten Jahr fuhr ich dorthin, um einen meiner ehemaligen Schüler zu besuchen. Aber die Familie wohnte schon seit langem nicht mehr dort, denn kurz nach den Besetzungen kamen die Regierungsbeamten und drohten mit Strafanzeigen und dergleichen. Die Bevölkerung und die Polizei gingen aufeinander los, bei den Auseinandersetzungen gab es Verletzte. Manche Familien bekamen es mit der Angst zu tun, sie packten ihre Siebensachen und verließen ihre Unterkünfte. Eine Menge Häuser wurden durch die Eigentümer neu belegt, so mußten die Besetzer raus, andere Bewohner wurden durch die Polizei hinausgejagt. Nur die Hauseigentümer, die im Ausland arbeiteten, konnten sich nicht um ihre Häuser kümmern. Das war das Glück vieler obdachloser Familien.

Der sozialdemokratische Bürgermeister war nun nicht mehr in seinem Amt, die Regierung hatte gewechselt. Die Wohnengebliebenen, aber klagten noch immer: »Kein Wasser, keine Müllabfuhr, kein Licht!« Die Nachfolgeregierung hatte alles andere zu tun, als an im Elend verreckende Gecekonduleute zu denken. Sie meinte, die Menschen bräuchten viel mehr religiöse Schulen und Moscheen, sie baute sie auch, mehr und mehr und überall im Lande. Die Häuser, die durch die Regierung geräumt wurden, sind nicht mehr bezogen worden. Sie verkommen und sind immer noch leer. Ja, und der sozialdemokratische Typ, der zu seiner Amtszeit allerlei Verrücktes, aber auch durchaus Gutes fürs Volk geleistet hatte, kandidierte nach einer langen Zwangspause wieder bei den letzten kommunalen Wahlen, denn seine Partei war zuvor nicht für »würdig« befunden worden, sich an allgemeinen Wahlen zu beteiligen.

In der Wahlnacht saßen wir, ein paar langjährige Freunde, zusammen, bis der Morgen anbrach und zogen eine Bilanz der letzten fünfzehn Jahre, in denen unser Land turbulente Perioden bis zu bürgerkriegsähnlichen Phasen durchstanden hatte. Doch über die schlimmsten Zeiten, über die Höhepunkte, vermochten wir keine Worte zu finden. Die Zeit war noch nicht fern genug. Alles war so frisch, als wäre es gestern passiert.

1968 hatten Bürgerrechts- und Studentenbewegung wie in

der ganzen Welt auch unsere Jugend aufgeweckt, deren politische Ideen schon lange gärten. Dann 1971... und vor allem aber die Jahre danach. Nein, keiner von uns wagte den Schritt und erlag der Versuchung, etwas zu sagen über unsere Freunde, über Frauen und Männer, die jetzt hinter den Mauern der Gefängnisse saßen. Alles blieb in unseren Gedanken haften.

In diesem Augenblick saßen wir dort stumm, alle Worte erübrigten sich. Wir saßen und warteten auf die Wahlergebnisse, die durch das scheppernde Transistorradio gegeben werden sollten. Als die Fünf-Uhr-Früh-Nachrichten anfingen knackste das Radio noch einmal, dann gab es seinen Geist auf. Aus Verzweiflung liefen wir auf die Straße, um irgendjemanden zu erwischen, der uns etwas Näheres über die Wahlergebnisse sagen konnte. Schließlich machten wir uns auf den Weg zum Bezirkshauptwahlbüro der Sozialdemokraten. Wir erfuhren von ihrer reinen Niederlage. Hatten wir etwas anderes erwartet, etwa die absolute Mehrheit? Nein, aber wir waren dennoch entsetzt. Denn gerade die Stadt mit ihren mehr als zweieinhalb Millionen Einwohnern, anderthalb Millionen davon in den Slumgebieten, die mit ihrem Existenzminimum ums Überleben kämpfen mußten, ja, gerade sie wählten die anderen, gerade sie applaudierten deren Erfolgen, bis ihre Hände blau wurden. Bis sie ihre Stimmen heiser wurden, schrien sie für die! Wir verstanden die Welt nicht mehr. Und wohin waren jetzt all die Hoffnungen derer, die ihren Kampf mit dem Leben bezahlt hatten? Angesichts dieses Fiaskos wagten wir die Frage nach der Zukunft nicht zu stellen: »Wohin soll es führen, wie soll es weitergehen?«

Heute ist ein Morgen wie jeder andere auch. Während der Dolmuşfahrt zur Schule lese ich gewöhnlich meine Zeitung, das ist seit Jahren so. Heute morgen aber habe ich keinen Mut, sie aufzuschlagen, ich weiß, was drin steht; die schmie-

rige, korrupt-fromme Visage eines Politikers, der lächelnd seine etwas zu kurz geratenen Arme triumphierend schwenkt und seinen bekannten Spruch schmettert: »Das Volk hat sein Vertrauen uns gegenüber noch einmal bestätigt.«
Heute will ich mit niemandem über die Wahlergebnisse sprechen. Doch ich weiß, meine Schüler werden mich nicht in Ruhe lassen, sie werden darauf drängen, in der aktuellen Stunde über Wahlen zu diskutieren. Schließlich habe ich sie darauf gedrillt, jeden Morgen in der ersten Stunde über die aktuellsten sozialpolitisch-gesellschaftlichen Ereignisse in unserer Stadt, in unserem Land, in unserer Welt zu sprechen. An unserer Wandzeitung wird heute kein Zeitungsausschnitt hängen, doch ich weiß, meine Schüler werden darauf brennen, bis zu den Ursachen dieser Niederlage vorzudringen. Schließlich habe ich es ihnen beigebracht! Wir müssen darüber sprechen. Wir werden es auch tun, wie mache ich's aber am besten didaktisch, wie methodisch? Dabei vertraue ich meiner Spontaneität, und ich glaube, daß das didaktische Ziel nur erreicht wird, wenn die Stunde möglichst spontan abläuft und nicht bis ins feinste Detail geplant ist. Dies kann ich für die Kinder in den Gecekondus behaupten, aus langjährigen Erfahrungen. Denn meine Schüler wachen nicht in einer warmen Stube auf, sie finden auch nicht fünf verschiedene Sorten Marmelade auf ihrem Frühstückstisch, wie die feinen Kinder im Stadtkern. Ich muß bei meinen Schülern von den schlimmsten Bedingungen ausgehen. Viele von ihnen sind schon Stunden unterwegs, ehe sie zur Schule kommen. Mit verfrorenen Händen, in zerlumpten Kleidern, noch halb hungrig, füllen sie die Klassen. Vor der Klassentür stehen manchmal bis zu zwanzig Körbe, die nach der fünften Stunde mit Sesamkringeln gefüllt werden. Dann klingt es bis in die späten Abendstunden, bis ihre Stimmen heiser werden, durch die Straßen: »Simit, frisch und duftig...« Wenn sie am Tag im besten Falle hundert Stück davon

verkaufen, bleiben ihnen hundert Lira. Ihre Sorgen drehen sich darum, an welcher Ecke man die meisten Sesamkringel los wird. Viele kommen vormittags gar nicht zur Schule, da dann die Menschen unserer Stadt mit einem Simit und einem Glas Tee ihr Frühstück zu sich nehmen, im Stehen.
Beim Nachmittagsunterricht fehlen überwiegend die Schuhputzerkinder. Wenn sie kommen, dann nur, um sich zu wärmen, wenn es draußen unerträglich kalt ist. Sie stellen ihre selbstgebastelten Schuhputzkästen nebeneinander vor unsere Klassentür; gegen Nachmittag. In den Feierabendstunden, verschwinden die Schuhkästen nacheinander, still. Ich kenne ihre Not zu gut, so frage ich sie nicht nach Entschuldigungen. Die Schuhputzkästchen und die Simitkörbe sind ein fester Bestandteil unserer Klassen. Sie gehören zu unserer Wirklichkeit. So reduziert sich die Schülerzahl bis auf die Hälfte in den letzten Unterrichtsstunden. Wie kann ich von einem Kind, das den größten Teil seines Alltags an den Moschee-Eingängen oder an den Ecken der Hauptverkehrsadern der Stadt mit Betteln verbringt, noch Hausaufgaben verlangen? Doch die meisten meiner Schüler sind mir an Lebenserfahrung überlegen. Sie besuchen die Universitäten des Lebens und sie resignieren nicht. Was kann ich mit meinem erbärmlichen Schulstoff ihnen für ihr weiteres Leben bieten? Wenn diese Kinder im Unterricht nicht die Erfahrungen, die sie auf der Straße mit Menschen aus allen Schichten machen, erzählen würden, wäre mein Unterricht ein ganzes Stück ärmer. Was ich ihnen bieten kann, ist kritisches Denken und Urteilen - wenn's nur gelingt, ihre Augen für die wichtigsten Dinge im Leben zu öffnen.
Das Leben in den Gecekondugebieten nimmt mit aller Härte seinen Gang. Es war schon zu meinen Schulzeiten so, und es ist seither nicht leichter geworden. Wahrscheinlich habe ich das alles damals als Kind nicht so recht begriffen.
Mutter starb bei meiner Geburt. Sie war 19. Als ich gehen

lernte, befand ich mich im Schlamm von Altındağ. Mich hatten die Nachbarsfrauen reihum gestillt. Mit dem, was gerade aus ihren vertrocknenden Brüsten zu pressen war, halfen sie mir zu überleben. Später riefen sie hinter mir her: »Gib dich ja nicht mit unseren Söhnen ab, Şirin, sie sind deine Brüder, du hast aus unseren Brüsten getrunken.« Milchschwester nannten mich alle Jungen aus unserer Gasse. Mutter war eine Gecekondubraut. Vater heiratete sie im Dorf, und noch in der derselben Nacht zogen sie im Hochzeitskleid in ihr Gecekondu ein. »Es bringt Glück«, sagten die Leute, »wenn die Braut im Hochzeitskleid das Gecekondu betritt.« Die Nachbarsfrauen hatten das Schlafzimmer des Brautpaares mit selbstbestickten Tüchern geschmückt, gar ein Hufeisen in die Wand eingemauert, doch ihr Glück dauerte knapp ein Jahr. Alle Versuche der Nachbarsfrauen, meinen Vater nochmals zu verehelichen, scheiterten. Er verweigerte sich solch gutgemeinten Absichten in dem Gedanken: »Ein anderer Duft als der meiner geliebten Frau soll mir für meine Lebzeit fernbleiben.« Statt eine junge Frau ins Haus zu holen, rief Vater seine Mutter aus dem Dorf. Er selbst machte sich auf den Weg nach Deutschland.
Meine Lehrer liebte ich , und ich wollte schon seit der ersten Klasse Lehrerin werden. Die Jahre vergingen wie im Flug, die Klassenbänke drückend und spielend um die Mülltonnen herum. Ich habe nie das privilegierte Gefühl der meisten Kinder dieser Welt gekannt, eine Mutter zu haben. Ebensowenig hatte ich einen Vater, der jeden Abend heimkehrt. Meine Großmutter war Vater und Mutter für mich zugleich. Ich überlebte alle Kinderkrankheiten. Ich durchstand die Sehnsucht nach meinem Vater, und die Jahre vergingen immer neu auf jene Zeiten der Trennung zu.
Nach dem Abschluß der Grundschule bestand ich mit Hilfe meiner Lehrer die Aufnahmeprüfungen für die Lehrerausbildungsschule in der südanatolischen Stadt İvriz. Großmutter

schloß unser Gecekondu und ging ins Dorf zurück, denn in all den Jahren hatte sie in der Stadt nicht Fuß fassen können, obgleich sich alle Nachbarn grenzenlos lieb um sie gekümmert hatten. Nein, sie wollte unter ihresgleichen sein, die letzten Jahre ihres Lebens wollte sie in ihrer vertrauten Umgebung verbringen, dort sterben und dort in der Erde des Dorfes begraben werden, wo sie zur Welt gekommen war, wo alle ihre Nächsten die letzte Ruhe gefunden hatten. Ich habe sie in diesem Sommer das letzte Mal gesehen, nachdem wir das Gecekondu ausgeräumt und die Sachen ins Dorf gebracht hatten.

Die Sommerferien waren lang, ich blieb fast acht Wochen bei ihr im Dorf. Wir richteten ihr Lehmhäuschen ein, sie blühte auf, ihr Heim war Tag und Nacht gefüllt mit den ihr liebsten Menschen, mit denen sie ihr Leben geteilt hatte. In all den Jahren hatten sie sich gegenseitig beim Überleben geholfen: »Aman, aman, aman«, sagte sie: »Die schönste Stadt der Welt soll mir gestohlen bleiben. Wie gut, daß Gott nicht nur die Städte, sondern auch Dörfer geschaffen hat, aman, aman, aman...«

Im Herbst desselben Jahres nahm mein Vater bewußt spät seinen Urlaub und kam aus Deutschland. Nach ein paar gemeinsamen Tagen im Dorf fuhr er mich mit seinem Ford Transit nach İvriz, in das Internat. Unterwegs erzählte er zum ersten Mal von seinem Leben in Deutschland: Bottrop, Zeche, Kumpels, Untertagearbeit... »Mein Kind«, sagte er, »ich lasse dich mit schwerem Herzen zurück, aber ich weiß, du würdest dort zugrunde gehen. Ich habe ein schweres Leben dort. Die Sonne: siehst du sie da oben? Ich sehe sie nur am Wochenende; unten, in tausend Metern Tiefe, da ringst du mit dem Tod. Wir beide müssen uns durchboxen durch das Leben. Die Trennung darf uns nicht auseinanderbringen, du darfst nicht verzweifeln. Es ist wichtig, daß du eine Ausbildung hast. Ein Beruf ist ein goldener Armreif. Ich werde dich

jeden Sommer besuchen kommen, du mein Augenlicht.«
Die breite Schiebetür im großen Saal trennte uns von unseren Eltern. Nach einer letzten Umarmung und tiefem Einatmen seines Duftes, den ich in den folgenden schweren Jahren in meiner Erinnerung bewahren wollte, sah ich durch die Glasscheibe, wie Vater sich mit gesenktem Kopf umdrehte und mit traurigen Schritten auf dem frisch gebohnerten Parkettboden das Schulgebäude verließ.
Ein neuer Abschnitt meines Lebens begann. Ich betrachtete in den ersten Wochen alles, was mir in diesem Mädcheninternat begegnete, mit dem Gedanken: »All dies wirst du sechs Jahre sehen müssen, hassen und lieben, sechs Jahre lang, Şirin! Dies hier ist dein Gefängnis und deine Freiheit zugleich, du wirst gut sein, besser als gut sogar, denn was du lernst, lernst du für deine Kinder, die dir später Löcher in den Bauch fragen werden über Gott und die Welt, du wirst wieder nach Altındağ gehen, dort in den Gecekonduschulen wirst du tätig sein, und diese Kinder brauchen dich. Bist du nicht schließlich durch Liebe und Hingabe deiner Lehrer so weit gekommen? Du mußt deiner Aufgabe gerecht werden, von nichts darfst du dich zerschmettern lassen.« Das waren teilweise die Worte meiner Schulleiterin aus der Gecekondugrundschule, welche sie mir mit auf meinen Weg gegeben hatte. Ehe ich über meine Eingewöhnungsprobleme nachzudenken Zeit gehabt hatte, war ich schon an die Internatsordnung gewöhnt. Wir Mädchen schlossen zwangsläufig eine Schicksalsgemeinschaft, die bis zum Abschluß sechs langer Jahre halten mußte. Es gab keine andere Möglichkeit. Zu der Schicksalsgemeinschaft gehörten auch manche jungen Lehrerinnen, die mit uns im Internat wohnten und außerhalb der strengen Schulstunden noch ihre Freizeit mit uns teilten, indem sie abends, im Mondschein am Springbrunnen sitzend, über ihr Studium und ihre Freunde in einer fernen Stadt erzählten. Manchmal unterbrach ein Weinen das lange

Schweigen, manchmal sangen wir fröhlich und tanzten im Schlafsaal bis zur späten Stunde, auch wenn wir wußten, die Schulleiterin würde uns am nächsten Morgen die Hölle heiß machen.
Nach dem ersten erfolgreichen Schuljahr fuhr ich, wie ich es versprochen hatte, zu meiner Großmutter. Dabei war ich erfüllt von großem Unbehagen, denn meine letzten Briefe an sie waren unbeantwortet geblieben. Dann hatte ich nach Deutschland an meinen Vater geschrieben und mich nach der Großmutter erkundigt. In seinem Antwortbrief war Vater nicht auf meine Frage eingegangen. Als ich im Dorf eingetroffen war, nahmen mich die Verwandten meines Vaters auf. Unentwegt fragte ich, wo die Großmutter sei, sie drückten sich vor einer Antwort, es war auch keine mehr nötig. »Wo liegt sie?«, fragte ich - sie brachten mich zu ihrem Grab. Die Erde war noch frisch, noch stand kein Grabstein darauf, noch hatten keine Pflanzen Wurzeln geschlagen. Schluchzend fragte ich: »Warum, Großmutter, warum so schnell, konntest du nicht noch etwas warten, warten auf mich, auf Şirin, ich war doch nur weit weg, weil ich es mußte, ich habe dir doch immer geschrieben, ich habe dich nie im Stich gelassen, du wolltest doch auch, daß ich Lehrerin werde, du sagtest noch in deinem letzten Brief, daß du zu mir ziehen wolltest, wenn ich Fräulein Lehrerin sein würde, du wolltest noch die hellen Tage der Zukunft mit mir erleben, du warst doch nicht ins Dorf zurückgekommen, um hier zu sterben, warum so schnell, Großmutter, wohin soll ich nun gehen, du, die einzige, die mich von Geburt an getragen hat, läßt mich jetzt allein, ich bin doch erst 13, Großmutter...!«
Am nächsten Tag verließ ich das Dorf, trotz des Drängens der Verwandten. Sie waren mir noch fremder als Fremde. Einer der Cousins meines Vaters brachte mich zum Bus, er sprach mit dem Busfahrer, er möchte mich in İvriz vor der Lehrerinternatsschule absetzen und - wenn es geht - in der Schule

abliefern. »Es geht in Ordnung«, sagte der Fahrer. Während der zwölf Stunden Fahrt hielt ich laut nachtragende Zwiegespräche mit der Großmutter, und Vater würde ich nie verzeihen, daß er nicht zu der Beerdigung gekommen war und mich in keiner Weise benachrichtigt hatte. Er hatte gemeint, mich kurz vor den Versetzungen nicht beunruhigen zu dürfen. Ich schrieb ihm noch am selben Tag, von nun an brauche er mich gar nicht mehr zu besuchen.
Es waren Schulferien, zum größten Teil waren die Schülerinnen für zwei Monate zu ihren Familien oder Verwandten gereist, trotzdem blieben noch aus allen Parallelklassen der sechs Stufen genug Mädchen den Sommer über im Internat. Die Hierarchie, die gewöhnlich unter den Klassenstufen herrschte, war durch die gemeinsame Einsamkeit in den Ferien durchbrochen. Ich wurde von den anderen Mädchen schwesterlich aufgenommen, war ihr Liebling. Ich war sehr schutzbedürftig, anhänglich und erzählte ununterbrochen von Großmutters Tod. »Ihr fehlte doch nichts, kerngesund war sie, warum mußte sie sterben, was ist das für ein Tod? Die Leute im Dorf erzählten, sie sei sitzend eingenickt, sie hätten sie ins Bett gelegt, weil sie glaubten, sie schliefe ja nur. Am nächsten Morgen erst hätten sie gemerkt, daß sie tot war.«
Die Ferien verliefen dennoch sehr schön, ohne viel Arbeit, außer im Schulgarten und in der Bibliothek in wenigen wöchentlichen Pflichtstunden. So erholten wir uns mit viel Lesen unter den Platanen, oder in der Mittagshitze legten wir uns in den kühlen Schlafsälen zum Mittagsschlaf. Zweimal in der Woche gingen wir mit einer unserer Lehrerinnen - sie hatten in den Ferien abwechselnd Betreuungsdienst für elternlose Kinder- in die Stadt zum Schaufensterbummel und setzten uns dann in ein Park-Cafe, aßen Eis und beobachteten die Straßenpassanten, die Bewohner dieser so provinziellen Kleinstadt. Es war jedesmal ein unbezahlbarer Genuß für mich, mit anderen Schülerinnen und der Lehrerin diese

Ausflüge zu machen, die darin gipfelten, Soupe Anglaise mit Eis zu essen, so etwas wie Schokoladenpudding mit Nußeis darauf.In der Gegend wurde gutes Eis hergestellt, nicht gepanscht mit Wasser wie in Ankara, und überhaupt war das Essen und allgemein die Verpflegung gut im Internat, zu gut. Wir bekamen, was wir brauchten, sogar die Uniformen und die Schulbücher kostenlos, dazu kamen hin und wieder Überweisungen vom Vater, die von der Schule für mich verwaltet wurden. Ich hatte am meisten Taschengeld von allen Mädchen, war aber auch sehr großzügig. So lud ich meine Klassenkameradinnen mal ins Kino, mal ins Cafe ein; es machte mir Spaß, die Tochter eines Deutschlandtürken zu mimen. Doch es war nicht nur dies, ich wußte zu gut, was Entbehrung hieß. In jenem Sommer habe ich meinen Vater nicht sehen können, aber die Jahre darauf entwickelte sich durch unsere Briefe, die mit der Zeit sehr intensiv wurden, eine solche Verbundenheit, daß wir jeweils den Sommer, in dem wir uns wiedersehen würden, kaum abwarten konnten. Ich war eine eifrige Schülerin. Was hatte ich auch sonst vom Leben außer lernen, lernen, arbeiten, etwas leisten, um immer bessere Noten zu erzielen? Dafür wurde ich dann belohnt von meinem Vater, der jedes Jahr die schönsten Geschenke für mich brachte. Doch keine dieser schönen Sachen benutzte ich allein. Das kleine Transistorradio stellte ich allen ebenso zur Verfügung wie meinen elektrischen Wecker. In den Sommerferien holte mein Vater mich mit seinem Wagen ab. Wir fuhren an die Südküste und zelteten dort wochenlang, ich lernte schwimmen, wir angelten zusammen, grillten am offenen Feuer unseren Fisch und gingen Kakteenfrüchte und Johannisbrot sammeln. Er erzählte mir von Deutschland, lehrte mich sogar ein paar Vokabeln Deutsch.

Im dritten Jahr bekam ich einen Lobbrief von der Schule, in dem ohne Ausnahme Einsen standen, und der wurde mit einem Begleitbrief an meinen Vater nach Deutschland geschickt. Im selben Sommer kam mein Vater mit einem Fernsehapparat an, als Dankgeschenk für das Internat, in dem ich so gut aufgehoben war. In der Umgebung von İvriz gab es damals noch keinen Sender, so stand der Apparat als Statussymbol, nutzlos, zum Vorzeigen in der Bibliothek. In jedem Jahr, wenn neue Schülerinnen aufgenommen wurden, führte man den Fernseher den Eltern vor und wies dann auf mich und auf meinen Vater hin, als wollte man demonstrieren, welch ein blendendes Eltern-Schule-Verhältnis doch in diesem Internat bestehe. Dies allerdings störte mich. Ich möchte nicht einmal sagen, daß meine Förderung durch die Lehrer im Schultheater oder Schülerinnenchor oder die privaten Klavierstunden mehr auf die Geschenke meines Vaters zurückzuführen waren als auf meine Leistungen allein. Doch es wuchs in mir das Unbehagen, wenn ich vor den Schülerinnen und Eltern hin und wieder, aus welchem Anlaß auch immer, offen gelobt wurde. Irgendwann entwickelte ich den Wunsch, völlig unauffällig, in mich gekehrt zu sein, aber das ist in solch einem Massenbetrieb unmöglich, vor allem, wenn man bereits in den Mittelpunkt des allgemeinen Interesses gerückt worden ist.

Es war wieder an einem der religiösen Feiertage, als die Schule wie ausgestorben, mit nur wenigen Mädchen, fast leer stand. Am zweiten Feiertag machten wir, ein paar Mädchen, uns auf den Weg zu einem Stadtbummel. Nach dem Kinobesuch setzten wir uns wie immer in ein Park-Cafe, um unser obligatorisches Eis zu essen. Am Tisch gegenüber saßen einige Schüler aus dem Jungeninternat. Man flüsterte erst, schmunzelte dann und kicherte schließlich übereinander, Blicke wurden ausgetauscht, bis endlich einer der Jungen sich an unseren Tisch wagte und fragte, ob sie sich zu uns setzen dürften. Die Jüngeren unter uns reagierten mit Angst, es könnte schlimm ausgehen, wenn unsere Lehrer es spitzbekommen würden, die Älteren beruhigten sie und waren mutig. So kamen die vier jungen Herren zu uns. Tische und Stühle wurden zusammengerückt. Im ersten Augenblick hatte man einander nichts zu erzählen, eine Zeitlang blickte man sich nur schüchtern an. Dann, weil es sonst kein Thema gab, sprach man über die Schule und über die Lehrer. Das war mein erster Kontakt zu Jungen überhaupt. Das Gespräch ging irgendwann in Zweiergespräche über und vertiefte sich tatsächlich. Wie es der Zufall wollte, saß ich Anar am nächsten. Wir beide waren zurückhaltend, wie es so ist. Früher, als ich noch in der Grundschule war, hatte ich keinerlei Hemmungen, mit Jungen zu spielen, Späße zu machen, doch mit der Pubertät und durch die Isolierung im Internat wurde ich anders. Was blieb auch anderes in diesem von Frauen regierten Internat, als sich auf weibliche Personen zu fixieren. Ich mußte von neuem lernen, mit Angehörigen des anderen Geschlechts an einem Tisch zu sitzen und zu plaudern. Die Angst vor den Lehrern machte mir außerdem sehr zu schaffen; so saß ich die ganze Zeit stumm da. Als die Zeit des Aufbruchs gekommen war, verabredeten die Älteren unter uns einen neuen Termin am gleichen Ort zur gleichen Zeit. »Wenn wir nicht kommen, so müßt ihr wissen, haben wir Hausarrest bekommen«, sagte eins der Mädchen zu den Jungen. Unsere heimlichen Treffen - allerdings nach einer Weile nicht mehr in Gruppen, sondern in Paaren, die sich inzwischen gebildet hatten - wurden erstaunlicherweise nicht von unseren Lehrern entdeckt. Dieser winzigen Stadt sind wir nicht aufgefallen, wir Mädchen hielten ja auch wie Pech und Schwefel zusammen. Wir wußten auch, daß wir nicht die einzigen Mädchen aus der Schule waren, die sich mit Jungen trafen. Außer ein paar braven Mauerblümchen in den jüngeren Klassen klopfte das Herz eines jeden Mädchens nach einem Jungen.

Was waren das für schöne, aufregende Zeiten! Unsere harmlosen Treffen mit den Jungen, das Händchenhalten im Kino, wenn es dunkel wurde - wenn die Lichter wieder brannten, mußte man so tun, als sei man einander wildfremd, damit es ja niemand bemerkte. Briefe kamen, Briefe gingen; sie wurden in Büchern versteckt, dann in der Nacht, nachdem die Lehrerinnen die Lichter in den Schlafsälen gelöscht hatten, unter der Decke im Schein der Taschenlampen laut vorgelesen und die Geheimnisse ausgetauscht. Ein Wetteifern sondergleichen herrschte, wessen Freund die schönsten Liebesbriefe zu schreiben fähig war. Welch eine Leidenschaft! Natürlich gehörten dazu Tränen, Enttäuschungen, Reue. Die Liebesbeziehung zwischen Anar und mir verlief relativ gedämpft, die Inhalte unserer Briefe handelten von Liebe und von weltbewegenden Dingen. Wir berichteten von den zuletzt gelesenen Büchern, in unseren Briefen diskutierten wir über sie, es war eine wechselseitige intellektuelle Beeinflussung. Unsere ganze Beziehung, abgesehen von den wenigen Malen, wo wir uns trafen, spielte sich in den Briefen ab.

Das Ende des Schuljahres näherte sich. Anar war mir ein Jahr voraus. In den letzten Wochen büffelte er wie ein Irrer für die Abschlußprüfungen, seine Briefe wurden seltener. Die Ferien kamen dazwischen, er mußte schon längst weg sein, dachte ich, dann kam mein Vater, um mich abzuholen. Es waren traurige Sommerferien, ich war zwar in die Abschlußklasse versetzt worden, aber auch die besten Noten in meinem Zeugnis trösteten mich nicht. »Warum hat er sich nicht einmal von mir verabschiedet?« fragte ich mich. Doch der Überwindungsprozeß dauerte nur die Ferien lang. So wurde meine erste Liebesgeschichte von mir begraben.

Kaum hatte die Schule wieder begonnen, steckten wir in dem alten streßvollen, hektischen Alltagstrott. Das letzte Schuljahr ging wie der Wind vorüber. Sechs Jahre lang hatten wir diese Bänke gedrückt, die Internatsluft, den Mief der Schlafsäle und der Kantine geatmet, mit jedem Atatürkbild an den

Flurwänden hatten wir uns identifiziert, tonnenweise Kreide geschluckt, gelacht und geweint, geliebt und gelitten, alles gemeinsam. Nun war die Zeit des Abschieds gekommen. Die Aufregung der zeremoniellen Abschlußfeier sollte uns von der Trennungsangst ablenken, sie tat es aber nicht. Wir rannten mit verweinten Augen durch die langen Gänge, mit Schmuckpapier in der Hand, das es gar nicht zu unserer Trauer paßte. In jeder geschützten Ecke umarmten sich die Mädchen und weinten; damit hatten wir für die nächste halbe Stunde unser Herz erleichtert. In dieser Trauerstimmung kam der Tag der Trennung. Vater war für den seltenen Anlaß aus Deutschland angereist. Vor zweihundert Familienangehörigen im geschmückten Saal traten wir auf den Steg, in langen Kleidern, mit Blumenkränzen in den Haaren und langen Schleifen. Dabei fühlten wir uns stolz wie die verkaufsbereiten Schafe. Das Programm mit Musik und Folklore, mit Theater und Sketchen ließ die Gäste herzhaft lachen, doch unsere Herzen weinten. Die Abschlußzeugnisse wurden einzeln verteilt, Umarmungen, Freudentränen, Abschiedsschmerz... Noch eine Nacht durften wir in der Schule verbringen. Diese ganze letzte Nacht saßen wir in Nachthemden im Schlafsaal. Wir erzählten von der Vergangenheit, von unseren Zukunftsplänen, und wir träumten von erreichbaren und unerreichbaren Dingen. Wir versprachen einander fest, in Kontakt zu bleiben; auch wenn wir in die entferntesten Dörfer Anatoliens versetzt werden sollten, wollten wir uns auf dem nächsten Jahreskongreß der Lehrergewerkschaft in Ankara unbedingt wiedersehen.
Dann kamen die Ferien.
Als ich nach den Sommerferien beim Erziehungsminister meine Abordnungsunterlagen abholte, fiel ich vor Glück fast um. Ich wollte erst nicht glauben, was ich sah, und dachte, es müsse ein Fehler unterlaufen sein. Aber nein, es stimmte, ich

war einem Dorf ganz in der Nähe der Hauptstadt zugeteilt worden, nur eine Omnibusstunde entfernt.
Im Dorf nahmen mich die Eltern meiner Schüler mit offenen Armen auf. Nur mit dem alten Gemeindevorsteher hatte ich Schwierigkeiten: Er versuchte noch vor meiner Ankunft, die Elternschaft zu beeinflussen, ihr Dorf brauche einen energischen Mann als Lehrer und nicht eine 18-jährige, unerfahrene Absolventin. Dieser Mann bemühte sich nach Kräften, mir mein erstes Jahr in meinem geliebten Beruf zur Hölle zu machen, indem er meine idealistische Haltung in der Schule, meine Verbundenheit mit den Eltern an die nächste Schulverwaltungsbehörde schriftlich meldete, als seien dies Vergehen. Seine Begründung war, ich hätte die Schüler nicht im Griff, die Kinder bräuchten eine straffe Erziehung! Ich war verzweifelt. In einer Gewerkschaftsversammlung unterbreitete ich meine Sorgen, sprach mit anderen Kollegen darüber und beantragte schließlich meine Versetzung mit einer sehr langen, plausiblen Begründung. Ich hatte Erfolg. Im neuen Schuljahr durfte ich in Ankara/Altındağ den Dienst antreten. Es gab weit und breit keinen glücklicheren Menschen als mich. Meine Gecekondukinder, meine Gewerkschaft, meine Stadt Ankara...
Wie verabredet traf ich beim ersten Lehrergewerkschaftskongreß in Ankara einige von unseren Mädchen aus dem Internat. Unter Tausenden von Lehrern, die dort aus allen Ecken des Landes hinströmten, suchten wir vergeblich nach weiteren bekannten Gesichtern. Doch etwas Unerwartetes passierte: Ich traf Anar wieder. Er schien noch erstaunter zu sein über dieses Treffen als ich. Wir plauderten im Stehen von uns, unserem Leben und dem, was wir gerade taten. Als dann im Saal die Debatten immer wirrer wurden, verließen wir den Kongreß zu mehreren, um uns irgendwo in Ruhe unterhalten zu können. Eine stille Angst ließ mich gar nicht richtig auf ihn eingehen: die Angst, wieder verlassen zu

werden. »Womöglich sitzt er in einem der östlichsten Dörfer und ich hier in Ankara - in der Entfernung geht ja jede Beziehung ein«, dachte ich. Doch es war nicht so. Er machte ein Aufbaustudium in Ankara. Ich unterdrückte meine Freude, denn ich wußte ja nicht, ob und in welcher Weise eine Beziehung zwischen uns zustande kommen, wie lange sie halten würde. Wollte er überhaupt mit mir zu tun haben? Um diese Fragen wenigstens teilweise beantwortet zu wissen, war es erstens noch viel zu früh, zweitens kam von ihm bisher noch kein Zeichen. Unverbindlich trennten wir uns vor dem einzigen Wolkenkratzer im Zentrum. Ich bog in eine der Nebenstraßen ein, ging an den Kebapläden vorbei, die Sakarya Straße hoch, wo auf der rechten Seite der Dost-Buchladen ist. Dies war meine neue Entdeckung, meine größte Leidenschaft: Bücher, Bücher, Bücher, neueste Veröffentlichungen, Postkarten, Schallplatten. Im Hintergrund sang Amalia Rodriguez »Mourir pour toi«. Ich hob meinen Kopf von einem Buch, um der Melodie genauer zu lauschen. »Für dich zu sterben, gibt es das?« fragte ich mich. In diesem Augenblick traf mich ein Schlag. Ich entdeckte Anar. Er seinerseits beobachtete mich, wahrscheinlich die ganze Zeit schon. Zum ersten Mal sah ich ihn so richtig lächeln, seine weißen Zähne unter seinem Schnurrbart, seine strahlenden Augen: »Warum hast du mir nicht gesagt, daß du hierher kommen wolltest, wir hätten zusammen gehen können.« Ich schwieg. Lange wühlten wir gemeinsam in den Büchern und schauten die Schallplatten an. Als wir mit einem Stapel Bücher den Buchladen verließen, standen Menschen Schlange an den Haltestellen, mit müden Gesichtern, abgearbeiteten Händen. Ein leichter Regen begann. »Die Phase der Dorfliteratur ist vorüber«, sagte er plötzlich, »jetzt müssen wir uns nach den westlichen Denkern richten. Camus, Sartre, Adorno, Kleist und Freud natürlich...« Diese Namen hatte ich noch nie gehört; lernte er das alles an der Hochschule?

Wir fuhren mit dem Bus bis Ulus - während er mich fragte, ob ich dieses oder jenes Buch gelesen hätte -, wo ich meinen Dolmuş nach Altındağ nehmen mußte, er selber fuhr weiter zu seinem Studentenheim. »Ich melde mich«, sagte er kurz beim Abschied. Ich fuhr durch die endlosen Gecekondu-Viertel, die Lichter der großen Stadt gingen grüppchenweise an, im Dolmuş klang die traurige Stimme eines Arabesque-sängers wehleidig: »Ich starb schon, bevor ich je geboren wurde...« Ein kleines Mädchen saß auf dem Schoß ihrer Mutter, sie bewegte ihren dunklen Lockenkopf nach der Melodie des Liedes und summte leise mit.
Ich wohnte nicht sehr weit von der Schule entfernt. Den Mietern, die vor sechs Jahren - als ich ins Internat ging - in unser Gecekondu eingezogen waren, mußte ich widerwillig kündigen, um selber einziehen zu können. Noch immer wohnten viele Familien aus den alten Zeiten dort in der Nachbarschaft, sogar auch Frauen, die mich gestillt und mit ihren Wiegenliedern in manch schlafloser Nacht geschaukelt hatten.
Hunderte von Gecekondus waren inzwischen dazugebaut worden, aufeinander, ineinander, sogar einige zweistöckige. Altındağ, »Goldener Berg«, barg eine Menge Elend und Geheimnis in sich. Die Fernsehantennen ragten gen Himmel empor, von dem nun der Schnee in dicken Flocken fiel. Sie wurden durch den vereisten Schnee zu Gestalten, die im schwachen Straßenlaternenlicht wie unheimliche Urtiere wirkten, wie Angst einflößende Ungeheuer, zwischen Himmel und Erde.
Mit wenigen Gegenständen, die ich mir vom Flohmarkt besorgt hatte, richtete ich mein kleines Häuschen ein. Nebenbei liefen am Haus einige Instandsetzungsarbeiten. Die Kabel z.B. waren bei dem Schwachstrom durchgeschmort - das konnte repariert werden. Das Abwasser jedoch floß aus jedem Haus zwangsläufig auf die Straße, die Kinder spielten

an den Schmutzwasseransammlungen. Ungeziefer und der Dreck in der Hitze des Sommers lösten Epedemien aus, die immer wieder unsere Gegenden heimsuchten. Immerhin, mit einem Kohleofen und den Kelims war meine Wohnung so gemütlich, daß jede Stunde mit meinen Büchern, auf dem Divan neben dem Ofen, mir sehr wohl tat. Ab und zu kamen meine Schüler mich besuchen, wir kochten zusammen, ich las ihnen Samed Behrengi, Nazım Hikmet und Vasıf Öngören vor, wir machten Hausaufgaben gemeinsam - ich war glücklich, mir ging es gut. Dies war meine Welt, meine vertraute Umgebung. An den Nachmittagen eilte ich meinen Nachbarinnen wegen irgendwelcher Angelegenheiten zu Hilfe, immer war in irgendeinem Haus in der Nachbarschaft etwas los. »Hocanım«, sagten sie, »Fräulein Lehrerin, was machen wir, wenn Sie heiraten und wegziehen?« Ich lachte und sagte dann: »Der Mann, der mich heiraten will, muß dann eben hierher ziehen«, und sie lachten.
An einem solchen unbekümmerten Tag holte mich der Schulbedienstete aus dem Unterricht: »Telefon für Sie, ja, machen Sie schon zu!« Er lächelte schelmisch. Es war Anar. »Um 19.30 Uhr beginnt es, ich warte am Haupteingang, habe schon die Karten besorgt...« Er fragte mich nicht einmal, ob ich könnte oder wollte, das war eben seine Art. Ich flog vor Freude; die Freude, Anar zu sehen, war groß, aber das war nicht allein der Grund. Ruhi Su kam nach Ankara; in der Aula der Uni vor Tausenden von Studenten würde er auftreten. Unfaßbar! Seine Lieder begleiten uns, die progressive Jugend des Landes, bis heute. Bis zum Überdruß hörten und sangen wir sie damals. Auch im Musikunterricht hatte ich sie meine Schüler gelehrt. Mit dem Schulleiter bekam ich einmal fast Krach, denn er meinte, diese Lieder würden die Schüler durcheinander bringen, ich sollte ihnen lieber Noten beibringen, Flöte spielen und so, patriotische Lieder, das wäre das Richtige. Wenn ich ihnen unbedingt was Großarti-

ges vorspielen wollte, sollte ich doch Bach oder Beethoven spielen. »Unter uns gesagt, liebe Kollegin, ich höre Ruhi Su ja auch gerne, bloß nicht in der Schule und nicht mit den Schülern.« Bach und Gecekondu-Kinder, dachte ich. Mein Schulleiter hatte Musik studiert, er mußte wissen, wovon er redete.

Danach meldete sich Anar des öfteren bei mir, natürlich immer dann, wenn es einen intellektuellen Anlaß gab, Versammlungen, Podiumsdiskussionen, Auftritte von progressiven Interpreten. Wir trafen uns, besuchten zusammen die Veranstaltung, er begleitete mich wie immer mit dem Bus nach Hause und fuhr sofort zurück, da er im Studentenheim nicht zu spät kommen durfte. Diese Treffen wurden häufiger, nachdem er mich einmal zu seiner Studentengruppe mitgenommen hatte. Ich war an den Diskussionen sehr interessiert, schloß mit der Zeit mit einigen Studentinnen aus dieser Gruppe Freundschaften; so traf ich sie manchmal auch ohne Anar. Irgendwann hatte ich das Gefühl, daß ich von ihm nun lange genug beobachtet worden war und mich als vertrauenswürdig erwiesen hatte. Unsere Gemeinsamkeiten beschränkten sich auf die »politisch-intellektuelle Ebene«, wie man es ausdrücken könnte. Manchmal kochte ich innerlich über seine unpersönliche Art, manchmal gab ich ihn im Stillen auf, aber genau dann, wenn ich mich damit abzufinden begann, tauchte er wieder auf. Einmal hatte ich mir fest vorgenommen, ihn aufs Persönliche anzusprechen, aber wie sollte ich das anstellen? Unsere Beziehung ging inzwischen fast drei Jahre auf so unverbindliche Art. Ich stellte ihm eine Falle und sagte ihm einmal, ich würde nach Deutschland zu meinem Vater ziehen. »So, so, nach Deutschland also, und all das hier? Deine Schüler, alles willst du, ohne mit der Wimper zu zucken, verlassen, und mich? Ich weiß, Şirin, ich weiß, du willst wissen, woran du bist, aber du siehst, welche schweren Zeiten unser Land erlebt, ich weiß nicht, was aus mir wird.

Das Studium geht seinem Ende zu, ich weiß nicht, was ich danach tue, und überhaupt; Mädchen, du kannst doch nicht einfach weggehen, nach Deutschland. Unser Land, diese Menschen brauchen uns, verstehst du, sie brauchen uns, jetzt, gerade jetzt...«

Ach Anar! Lieber wäre ich gestorben, als deinen Verlust zu erleben. Wie oft hatte ich dich gebeten, bleib weg von den blutrünstigen Hunden. Du mußtest nicht an den Straßenkämpfen teilnehmen. »Ich verteidige mich lediglich«, sagtest du. Du warst noch jung und in vielem unerfahren. Wir wollten noch so viel in unserem Leben erleben, unsere junge Liebe wurde noch nicht ausgelebt. Woher kamst du, wohin gingst du, woher stammtest du, hattest du Eltern? Nie hast du über diese Dinge gesprochen. Was hat deine Mutter leiden müssen!

Du warst den Angriffen der tollwütigen Wölfe nicht gewachsen, konntest keinen Widerstand leisten. Du warst doch derjenige, der immer wieder sagte, daß unsere Waffe allein unsere Ideen seien. Hat man dich in die Falle gelockt? Bist du bewußt hingegangen, oder warst du schon im Gebäude, als sie die Uni überfielen?

Als ich zu unserem Treffpunkt fuhr, verteilten ein paar Jungen Flugblätter im Bus; es war verboten! An der nächsten Haltestelle stiegen vorne und hinten zwanzig bewaffnete, düstere Männer ein, unter ihnen auch blutjunge Kerle. Sie stürzten sich auf die Jungen-Gruppe, nahmen ihnen die Flugblätter weg und traten sie mit Füßen und boxten sie unbarmherzig; das alles ging in Sekundenschnelle. Der Busfahrer wäre immer noch weitergefahren, wenn die Fahrgäste ihn mit ihrem Panikgeschrei nicht dazu gezwungen hätten, anzuhalten. Der Busfahrer schaute zu, die Straßen waren voller Polizeikolonnen, doch niemand kümmerte sich um die Verletzten. Ich stieg in Ulus aus und lief zu Fuß bis zu unserem Treffpunkt; unterwegs sah ich unglaubliche Dinge.

Ich ahnte Böses! Pausenlos ratterten die Maschinengewehre, Menschen gingen in Deckung, sie rannten ungezielt in alle Himmelsrichtungen, ohne zu wissen, woher die Schüsse kamen. Zu unserem Treffpunkt kamst du nicht, ich wartete lange, dann ging ich zu deinem Studentenheim, wo ich am Eingang Emre traf, deinen besten Freund. »Geh nach Hause, Schwester, Şirin, ich schicke Anar nach«, sagte er. Ich glaubte, du würdest wirklich kommen. Immer zur Haustür lauschend, wartete ich auf dich die ganze Nacht im Halbschlaf, du kamst nicht. Die ganze Nacht nahm das ohrenbetäubende Rattern der Maschinengewehre in unseren Gebieten kein Ende. Schon seit Wochen, Monaten hatten wir keine Ruhe mehr. Die Rechtsextremisten hatten Altındağ zur befreiten Zone erklärt, sie hielten Wache an den Hauptstraßen. Ich hatte eine höllische Angst. Meine Nachbarinnen baten mich, in der Nacht nicht allein zu bleiben. Doch wohin konnte ich gehen, ich wartete Nacht für Nacht auf dich. Am vierten Tag brachte mir Emre die traurige Botschaft. Die Wölfe hatten dich blutig zusammengeschlagen. Bei der Autopsie hatte man an dir zehn Schädelbruchstellen festgestellt. »Sagt Şirin, sie soll nicht auf mich warten!« Das waren deine letzten Worte. Ach Anar, wenn du wüßtest, was du in mir zurückgelassen hast!
Am Freitag darauf wurdest du mit mehreren anderen Opfern der Straßenschlachten beerdigt. Die Totenmesse wurde in der Maltepe-Moschee unter Teilnahme von Zehntausenden von Menschen abgehalten. Deinen Sarg hatte ich nicht erkennen können. Ihr alle wart in unsere Fahne eingewickelt worden. Die Zähne der Trauernden knirschten, doch ihre Münder hätten nicht mit tausend Messern geöffnet werden können; die Augen waren wuterfüllt. Die Zehntausende begleiteten euch noch bis zu euren letzten Ruhestätten, trugen euch auf ihren Schultern. Keine Blumen, keine Kränze - sie waren nicht nötig. Unsere Herzen begleiteten euch,

eure Mütter begleiteten euch, gestützt von anderen, sie konnten kaum gehen, sie riefen euch Helden nach: »Laßt uns nicht zurück! Nehmt uns mit euch! Wir haben euch für hellere Tage geboren...« Und eure Mütter weinten Blut.
Es sind nun fünf Jahre vergangen. Die Wunde beharrt darauf, nicht heilen zu wollen. Manchmal führt mich mein Weg zu dir. Dort liegst du unter den Silberpappeln, nicht weit von unseren Genossen; du teilst die gleiche Erde mit İlhan Erdost, Enver Gökçe, Hasan Hüseyin, mit jenen großartigen Menschen. Ein Klagelied weht über die Blätter der Silberpappeln, ein Klagelied, das wir zusammen an den Gräbern unserer Freunde sangen, als du noch lebtest:

Auf dem Totenacker, ach, bittrer Regen
laß diese Kerze nicht verlöschen,
und nicht eine Blume soll welken.
Sie haben ihn nicht getötet; er schläft nur.

Und du, Wind, laß nun ab zu weinen
er ist nicht fortgegangen, erzählst mir Lügen;
sieh nicht auf die blutbefleckte Brust.
Sie haben ihn nicht getötet; er schläft nur.

Warm wie das Brot,
wie das Wasser so klar
ein Jüngling von zwanzig Jahren.
Sie ließen nicht einmal zu,
daß er verteidigend für sich sprach
sie haben ihn nicht getötet; er schläft nur.

Schwarzer Totenacker, wie kannst du so bloß
zum Acker werden der Hoffnung und Erwartung.
Mein holder Engel ist nun verloren.
Sie haben ihn mir getötet; nie wird er wiederkommen.

Ich gehe manchmal die Wege, die wir zusammen spazierten; alles steht noch so, als wäre nichts passiert: der Güvenparkı, die Eiche, der uralte Walnußbaum, die Linden, die Akazien, die Platanen. Neulich kamen ein paar Abgeordnete der Grünen aus Deutschland. Sie banden sich mit Ketten an den alten Walnußbaum, verteilten Flugblätter, in denen sie gegen die politischen Umstände in unserem Land protestierten. Die Nachricht verbreitete sich durch die Augenzeugen, die zufällig den Park passierten, die Presse schwieg darüber, und die Leute, sie wurden Hals über Kopf zum Flughafen abgeführt. Wie du siehst, geht das Leben weiter, auch meins.
Jetzt besuche ich des öfteren die Familien meiner ehemaligen Schüler, die in andere Gecekondugebiete gezogen sind, unterhalte mich mit Müttern über ihre Probleme, über ihren Alltag. Manchmal laden sie mich zu ihren regelmäßigen Treffen ein. Jedesmal wundere ich mich über diese Frauen; wie sie sich in einer relativ kurzen Zeit verändert haben. In den Gesprächskreisen erlebe ich Frauen, die ihre Familien mit einem unglaublichen Selbstbewußtsein zusammenhalten und versuchen, mit dem, was sie haben, im Stadtleben zurechtzukommen. Es gibt viele organisierte Selbsthilfegruppen unter Frauen, die sich gut informieren, austauschen, Wege und Möglichkeiten finden, in kleinen Schritten ihr Leben und das Leben ihrer Familien menschlicher zu gestalten. Es ist sehr gemütlich bei ihnen, und geborgen ist die Atmosphäre; eine neue Kultur entwickelt sich dort unter ihnen. Von ihren Kochgewohnheiten bis zu den Mustern und Farben ihrer Handarbeiten hat sich aus der Mischung Stadt/Land eine neue, eben dem Gecekondu eigene Lebensform entwickelt. Manchmal habe ich meine Freundinnen zu diesen Treffen mitgenommen, manchmal eine Ärztin, manchmal eine Anwältin. Es war wunderbar, bei Tee und frisch duftendem Gebäck die Nachmittage hindurch über all die gesundheitlichen, rechtlichen und vor allem politischen

Probleme mit ihnen zu sprechen. Fragen hatten sie, Fragen, die ihr eigenes Leben betrafen, Fragen, die unsere Welt bewegten. Dann erzählten sie von den Frauen im Güvenparkı.. - Park der Sicherheit, Park des Vertrauens... - von Sultan, Ayşe, Sevim, Gülfidan, Selvi..

Das erste Mal, als ich hörte, daß sich dort in diesem Park die Frauen öffentlich verkauften, wollte ich's nicht glauben. Dort, zwischen dem Justizministerium und dem Nationalen Erziehungsministerium, zwischen zwei neuen Wolkenkratzern und den Geschäftsstraßen, neben der Hauptdolmuşhaltestelle, inmitten der Stadt ist der Güvenparkı. Ich ging so oft daran vorbei, so oft wartete ich an der Haltestelle, warum hatte ich sie nicht bemerkt? Ich lief durch den Park, ich muß zugeben, daß ich doch etwas neugierig war. Da kamen mehrere Frauen auf mich zu und fragten, ob ich eine Arbeit für sie hätte. Ich mußte sie enttäuschen und fragte meinerseits, ob sie nicht Lust hätten auf ein Glas Tee. Wir setzten uns unter der großen Eiche auf die nassen Bänke, denn es regnete schon seit Tagen, der Boden war völlig matschig. Ein Junge lief mit einem runden Tablett durch den Park: »Taze Çay!« - »Frischer Tee!« Seine Kunden waren aussschließlich diese Frauen, seit Jahren, die im Morgengrauen jeden Tag mit mehrfachem Dolmuş wechsel den Güvenparkı erreichten und dort Sommer und Winter bis in die späten Nachmittagsstunden darauf warteten, daß jemand käme und für sie einen Tag lang eine Beschäftigung hätte als Putzfrau. Wer sollte denn hier eine Putzhilfe suchen, doch höchstens Leute aus den Büros, deren Putzfrau für einen Tag ausgefallen war, oder Leute von den gerade fertig gebauten Hochhäusern, also immer nur Eintagsfliegen.

Sie waren durchnäßt in ihren sommerlichen Kleidern und Sandalen, unter ihren nassen Kopftüchern hingen ihre hennaroten Zöpfe, und wenn sie lächelten, war fast bei jeder ein Goldzahn zu sehen. Gülfidan erzählte bei der Teerunde - wir

hatten auch Zigaretten angezündet - das Geld für die Dolmuşfahrt hätte sie von den Nachbarn ausgeliehen in der Hoffnung, daß sie heute eine Arbeit finde und es abends zurückzahlen könne: »Noch immer stehen wir hier. Wenn alle Stricke reißen, sage ich nur, geht die Welt nicht unter, ich habe ja zur Not meinen Goldzahn.«
Diese Widersprüchlichkeit des Lebens, die krassen Unterschiede zwischen diesen tapferen Frauen und den anderen, die, gut eingemummt in ihre warmen Pelzmäntel, zwangsläufig den Park durchquerten, um auf die andere Seite der Straße zu gelangen, ihre Köpfe abgewendet.
»Bist du Journalistin?« fragten sie mich. Ich antwortete, ich sei Lehrerin in Altındağ. »Schade«, sagten sie, »schade, daß du nicht unseren Zustand in großen Zeitungen, in ganz großen Buchstaben schreiben kannst, du könntest auch Fotos von uns daneben drucken, damit sie, die ganz Großen, kommen und uns hier sehen. Schade, daß du keine Zeitungsfrau bist. Und noch etwas: Wer über uns sagt, wir seien Huren, der ist böswillig oder dumm. Wir verkaufen unsere Arbeitskraft, unser Brot wird bitter verdient, auf unsere Ehre kommt kein Staubkorn. Wenn wir auf den Strich gehen wollten, brauchten wir hier nicht in Schnee und Regen zu warten. Wir könnten es viel leichter haben, aber keine von uns läßt sich anrühren, selbst um den Preis, daß wir den Tageslohn unter zweien aufteilen müßten, denn wir gehen zu zweit, damit uns niemand anrühren kann. Wenn einer auf die dumme Idee kommen sollte, können wir uns zu zweit besser verteidigen. Unsere Ehre ist es uns wert, wir haben Männer und Kinder zuhause.« Es war inzwischen Nachmittag, die Tee- und Zigarettenrunde hätte noch weitergehen können, denn jede einzelne erzählte von ihrem Schicksal, ich erzählte von mir, ich ging und hatte ihnen nicht einmal versprechen können, daß ich von ihrem Elend in der Zeitung berichten würde, ich war eben nicht von der Zeitung - und wenn auch,

was hätte ein Zeitungsbericht an ihrem Leben ändern können? Außerdem berichteten durchaus hin und wieder irgendwelche Journalistinnen in irgendwelchen bunten Boulevardzeitungen von den Gecekondus, wenn sie keinen mitreißenderen Stoff für den nächsten Tag im Archiv bereit hatten.
Mein Kopf brummte, in meiner Machtlosigkeit lief ich noch einige Zeit im Regen durch Nebenstraßen. Ich mochte jetzt nicht nach Hause gehen, kaufte mir an der Ecke am Kiosk eine Zeitung. In der Rubrik »Aktuelles heute in Ankara« waren »Kulturangebote« für den Abend: Theater, Kinos, Vorträge... »Galileo Galilei« von Brecht hatte ich schon gesehen, das Mädchenorchester - Nazis - Konzentrationslager - die Eintrittskarten zu teuer, und »Unter Feuer« - ja, der Film war jetzt in meiner zornigen Stimmung das Richtigere: Nicaragua, Sandinisten, Guerilla-Kämpfe, Jagd auf Somoza. Während des Filmes jagten die Frauen aus dem Güvenparkı mit den sandinistischen Guerilleros den Somoza, nur in meinen Gedanken...
Seit Wochen werden wir in der Stadt von einer Läuseepidemie heimgesucht. Die Zeitungen schreiben tagtäglich über Bekämpfungsmaßnahmen. Bevor wir es in unserer Schule bemerkt hatten, waren schon alle sechshundert Schüler angesteckt. Das erste, was wir tun konnten, war, das Gesundheitsministerium davon in Kenntnis zu setzen und um Hilfe zu bitten. Wir hatten Erfolg. Mehrere Ärzte kamen auf einmal, die Kinder wurden einer gründlichen Untersuchung unterzogen. Dann benachrichtigten wir die Eltern schriftlich von dem Vorgang. Viele Eltern kamen zur Schule, uns um Rat zu bitten. Es war fast zu spät, um ihnen überhaupt ein wirksames Mittel zu empfehlen. Einer meiner Schüler hatte Kopfwunden vor lauter kratzen. Ich ließ deshalb seine Mutter kommen. Sie wirkte sehr verschämt, doch wenig später merkte ich, daß die Frau taubstumm war. Weder verstand sie mich, noch hätte sie mir eine Antwort geben können. Ich rief

den Schüler zu Hilfe. Er konnte sich am besten mit seiner Mutter verständigen. In ihrer Familie hatten sie eine regelrechte Taubstummensprache entwickelt. Ich sagte dem Jungen, daß seine Mutter auf die Reinigungsvorschriften genau achten müsse, die Wäsche müsse mit scharfen Waschmitteln öfters ausgekocht werden. Ich schrieb auf einen Zettel mehrere Sorten von Läuse-Shampoos, die in den zivilisierten Ländern hergestellt; Deutschland, Amerika, Japan, und ihr Absatzmarkt ist die »Dritte Welt«, sie selbst brauchen es nicht; die Läuseplage ist aber eines der wichtigsten Probleme unserer Länder- außerdem habe ich andere wirksame Medikamente vorgeschlagen. Die Mutter hörte sich alles ruhig an, was das Kind in ihre Zeichensprache umsetzte. Nun war ich auf ihre Antwort gespannt. In aufgeregter Stimmung, mit heftigen Gebärden und unverständlichen Lauten erklärte sie, daß sie all dieses Trara der Läuse wegen gar nicht verstünde, was seien wir Stadtmenschen verdorben, Menschen im Dorf hätten noch einen gesünderen Verstand als die Stadtmenschen. Dort lebe man mit Läusen und trüge sie ein Leben lang am Körper; die Läuse kämen ja schließlich von Gott, und wenn sie unruhig zu werden begännen, würden die Frauen sich an sonnigen Tagen vor das Haus setzen und reihum gegenseitig an ihren Köpfen die Läuse zerdrücken. Was wäre schon dabei. Sie war in vollem Ernst, als sie dies schilderte. Nach einer kurzen Pause fügte sie noch hinzu, wenn diese Empfehlungen von einer anderen Lehrerin gekommen wären, hätte sie sich nicht so geärgert, aber gerade ich, die doch das soziale Elend nur zu gut kenne, spräche von Shampoo oder wie es eben hieße, von Läusemitteln, Waschmitteln und Medizin. Nein, sie war empört und sagte noch: »Du fragst mich gar nicht, ob ich genug Wasser habe, um öfter Wäsche zu waschen, geschweige denn Seife oder andere Dinge, du fragst nicht, ob ich Geld habe, um diese Dinge zu kaufen, schließlich fragst du mich gar nicht, ob ich meinen Kindern genug zu Essen bieten kann, ob sie morgens, ehe sie zur Schule kommen, eine warme Suppe aufgetischt bekommen. Das ist unsere Lage, und wenn du mein Kind schief ansiehst, weil du Läuse bei ihm gefunden hast, werde ich ihn nie mehr zur Schule schicken.« Dies alles in Zeichensprache. Sie ging, ohne auf meine Antwort zu warten. Ich war zu einem Eisblock geworden, wäre am liebsten am Boden gesunken. Erst später merkte ich, daß mehrere Kolleginnen um uns herumstanden und lachten, sie lachten laut.

In diesen Wochen führen wir in allen Klassen eine Aufklärungskampagne für Eltern und Kinder über Hygiene und Sauberkeit durch. Der Unterricht muß ohnehin sehr stark auf das soziale Leben und auf die praktischen Bedürfnisse der Menschen in den Gecekondus abgestimmt sein. Denn die Alltagsprobleme, denen wir hier begegnen, unterscheiden sich sowohl von denjenigen derer, die in den Dörfern leben, als auch von denen derer, die im Stadtkern zuhause sind. Immer wieder steht man vor neuen Situationen.

Neulich entdeckte ich zwei Jungen auf dem Pausenhof, die nicht uniformiert waren und mit den anderen Kindern spielten. Ich fragte sie, warum sie keine Schuluniformen trügen. Einer der beiden antwortete: »Wir gehen nicht zur Schule.« »Wie ist das möglich«, fragte ich, »ihr seid doch im schulpflichtigen Alter?« Ich schrieb mir ihre Adresse auf, nein, es war mehr eine Beschreibung als eine Adresse, und machte mich dorthin auf den Weg. Ein älteres Ehepaar öffnete die Tür und bat mich herein. Ich legte mein Anliegen dar. Eingeschüchtert erzählten sie mir, die Kinder hätten keinen Ausweis, da die Eltern unverheiratet zusammenlebten. »Bei uns im Dorf fragt niemand danach«, erklärten sie. In ihrem Dorf war es durchaus üblich, ohne religiöse oder standesamtliche Trauung eine Familie zu gründen und, zumindest solange es ging, ohne Trauschein zu leben. Nun mußten wir irgendeine Lösung finden, damit ich die Kinder in die Schule aufnehmen konnte. Ich überzeugte die Eltern von der Notwendigkeit des Schulbesuchs, sie waren auch dafür, scheuten bloß den Weg zur Schule. Schließlich beschlossen wir, die Kinder in die Schule aufzunehmen und dann erst zu registrieren, wenn die Unterlagen der Eltern von der Dorfverwaltung eingetroffen, die Eltern standesamtlich verehelicht und die Kinder als ehelich legitim registriert waren. Nun machte aber die Schule Schwierigkeiten. »Laut Vorschriften dürfen wir keine Kinder ohne legitime Ausweise aufnehmen«, sagte der Schulleiter. »Ich übernehme die volle rechtliche Verantwortung, die Kinder müssen zur Schule, ich nehme sie in meine Klasse auf, es wird nicht lange dauern, bis die Unterlagen da sind«, sagte ich. Ich beharrte darauf und hatte auch Erfolg. Die Kinder kamen in meine Klasse, ich besorgte auch zwei Schuluniformen, drückte ihnen das Alphabet in die Hand, und am Anfang jeder Stunde erklärte ich, was sie zu üben hätten; sie lernten eifrig. Nach einem Vierteljahr konnten beide lesen und schreiben. Dabei hatte ich noch sechzig andere Kinder in der Klasse vom fünften Jahrgang zu unterrichten. - Dazu muß man wissen, daß in meiner Klasse jedes Kind gleich mit vielen Problemen belastet ist, daß jedes Kind besondere Zuneigung und Aufmerksamkeit braucht. - Die beiden Jungen kamen morgens zur Schule, nachmittags verkauften sie Sesamkringel. Ihre beiden jüngeren Schwestern pflegten den Vater, der wegen Magenblutung im Bett lag, die Mutter fand keine Arbeit, das einzige Einkommen brachten die Jungen ins Haus. Nach einem halben Jahr besuchte mich die Mutter in meiner Wohnung. Sie fürchtete, sich in der Schule vor den Lehrern lächerlich zu machen. Die Unterlagen waren gekommen, sie hatten nun endlich nach zwölf Jahren geheiratet, für die Kinder waren auch die Geburtsurkunden ausgestellt, so daß die beiden Jungen offiziell eingeschult werden konnten. Da aber ihr Alter fortgeschritten war, haben wir sie zwei Klassen

überspringen lassen. Nach dem Abschluß begannen sie beide in Siteler in den Möbelwerkstätten zu arbeiten - nein, nein, es ist keine Lehre, es ist einfach minderbezahlte Kinderarbeit, ohne Vertrag, ohne Krankenversicherung. 12 000 Kinder - das ist allgemein bekannt - arbeiten dort als Tischler in den Werkstätten, teilweise sogar noch schulpflichtige Kinder. Entsprechendes gilt für andere Produktionszweige. Manche Kinder kommen in den Nachmittagsunterricht und haben schon fünf bis sechs Stunden gearbeitet. Wenn man sich ihren Pulten nähert, kann man genau riechen, wo sie arbeiten. Die Kinder aus Tischlerwerkstätten riechen nach frisch gesägtem Holz, und an ihren Kleidern kleben überall noch die Holzspäne. Die drei Jungen, die auf dem Fischmarkt arbeiten, setzen sich in die letzte Reihe der Klasse, weil von dem Fischgeruch manchen anderen Kindern ein paarmal übel wurde. Sie heißen »die Fischer« der Klasse.
Jedes Kind hier hat eine unendliche Lebensgeschichte. Obwohl ich besonders darauf achte, nur ja bewußt oder unbewußt keines unter den Kindern zu bevorzugen, gibt es das eine oder andere, das meinem Herzen besonders nahe ist. Kimya ist eines von diesen Kindern. Sie ist nun in der fünften Klasse, ein besonders zartes Prinzeßchen. Fröhlich, begabt, voller Leben. Seit Jahresanfang bastelten wir wie gewöhnlich im Kunstunterricht unsere Geschenke für den Muttertag. Den Muttertag wollten wir wieder an einem Sonntagnachmittag in der Schule gemeinsam mit den Müttern feiern, Tee und Gebäck anbieten und ihnen die Geschenke überreichen. Da Kimya sehr musisch begabt war, sollte sie den Chor leiten, der einige Lieder über Mütter singen würde. Ich wußte, sie sang sehr gerne, schnappte die neuesten Schlager auf und führte sie uns in der Klasse vor. Als es um die Chorleitung ging, wurde sie still und sagte mir, ich solle ihr nicht böse sein, sie würde es nicht schaffen. »Ich helfe dir dabei«, bot ich an, aber nein, da steckte etwas anderes

dahinter. Nach einem langen Gespräch kam heraus, daß ihre Mutter in Deutschland arbeitete; sie selbst lebte mit der Großmutter zusammen; ihr Vater war getötet worden als sie drei Jahre alt war. Sie stand bei der Tat dabei, durch den Schock fing sie an zu stottern. Sie stotterte, wenn sie traurig gestimmt war, das war mir nicht aufgefallen. Nichts war mir von dem, was sie erzählte, aufgefallen. Zu der Familie ihres Vaters im Dorf hatte sie keine Kontakte mehr, denn diese beschuldigte ihre Mutter, für den Tod des Vaters verantwortlich zu sein. Deswegen floh die Mutter mit dem Kind erst in die Stadt, von dort ging sie dann allein nach Deutschland, aus Angst vor der Blutrache. Wie sie mir berichtete, hatte ihre Mutter in Deutschland wieder geheiratet, sie schickte regelmäßig Geld und Geschenke. Im Sommer, wenn Kimya ihren Grundschulabschluß hätte, wollte die Mutter sie abholen kommen. »Ich will aber nicht«, sagte sie, »ich kann meine Großmutter doch nicht allein lassen! Deswegen, meine Lehrerin: Wenn ich traurig bin, kann ich keine fröhlichen Lieder singen, für wen soll ich die Mutterlieder singen, da doch Mutter weit weg ist, und Sie wissen, wenn ich traurig bin stottere ich, wenn ich beim Singen anfange zu stottern, dann blamiere ich Sie und mich selbst.« Ich drückte sie fest in meine Arme, sie vergrub ihren Kopf an meiner Brust. Ich starb fast vor Scham.

Warum hatte ich das alles nicht früher erfahren? Wie hatte dieses kleine Wesen all seinen Kummer in sich verborgen, wozu selbst viele Erwachsene gar nicht in der Lage wären? Hatte ich versagt? Ich sagte mir doch immer, ich will eine wenigstens halbwegs gute Lehrerin sein. Reichten meine Kräfte nicht aus, über die sozialen Hintergründe meiner Schüler Bescheid zu wissen? Mancher von ihnen fiel irgendwie mit seinen Problemen auf, bat mich um Hilfe, manche anderen schwiegen, bis es sogar um Leben und Tod ging, wie bei Zübeyde. Zübeyde ist zwölf Jahre alt. Ihr Vater schlug die

Mutter, sie schnappte ihre drei Kinder und floh in die Stadt zu ihren Verwandten. Erst beherbergten sie sie, später bauten sie ihr ein Hüttchen. Sie fand eine Arbeit als Wäscherin in einer Großwaschanlage, ging schon morgens früh los, arbeitete mit Überstunden bis abends spät. Um die Schulden für das Gecekondu zu bezahlen, mußte sie das. Die Kinder waren dann die ganze Zeit zuhause allein. Eines Tages, als die Älteste - sie war wohl zu dem Zeitpunkt elf Jahre alt - für ihre jüngeren Geschwister etwas kochen wollte, explodierte die Propangasflasche, das Kind brannte lebendig im Haus; die anderen beiden spielten auf der Straße, so entkamen sie dem Unglück. Zübeyde ist dazu schwer zuckerkrank. Zweimal täglich müßte sie Insulin spritzen, das kann sie seit ihrem fünften Lebensjahr selbst, es gibt bloß kein Insulin in den Apotheken. Wenn eine Lieferung alle halbe Jahre mal in allen Apotheken der Stadt erfolgt, verschwindet sie noch am selben Tag auf den Schwarzmarkt. Zübeyde wird sterben, das wissen wir alle, ihre Augen verlieren nach und nach die Sehfähigkeit, ihre Knie empfinden stellenweise gar nichts mehr, schon lange nicht. Sie aber will leben. Sie will Schauspielerin werden. Dabei hat sie, wenn man alles zusammenzählt, zwei- oder dreimal in ihrem Leben ein Kino besucht. Da weiß man nicht, woher die Kinder ihre idealen Berufsbilder haben.

Früher war es eher möglich, mit den Kindern in die Stadt zu fahren, um einen guten Kinderfilm zu sehen oder auch Kindertheater zu besuchen. Wir hatten sogar ein paarmal Theatergruppen nach Altïndaÿ eingeladen. Ich ging persönlich zu ihnen und erzählte von unseren Verhältnissen, daß nämlich kaum eine Familie in der Lage ist, mit ihren Kindern ins Theater zu gehen, ob sie nicht bereit wären, bei uns in der Schule für einen ermäßigten Preis zu spielen. Fast alle Theatergruppen fanden es toll und kamen dann auch - natürlich ging ich nicht zum Staatstheater. Bis 1980 gab es ein paar

gute progressive Theatergruppen, denen viel mehr an solchen Auftritten lag als daran, vor bürgerlichen Zuschauern zu spielen. Mit Flugblattaktionen luden wir die Eltern mit ihren Kindern ein. Sie kamen auch, es war richtig herrlich. Vor 1980 brachten wir auch progressive Volkssänger in die Schule, jetzt geht das nicht mehr. Jetzt gibt es ein Kino, dort, an der Dolmuşhaltestelle, damit sorgen sie nun für die kulturellen Bedürfnisse der Gecekondubevölkerung, sie sorgen für die Degenerierung der Gecekondujugend; mit ihren illusionsreichen Filmen schaffen sie es, die Jugend von ihren wirklichen Problemen abzulenken.
Dann die Sexualitätsprobleme der Kinder. In den Abschlußklassen sitzen manche 14- bis 15-jährige, die sich besonders in den Pausen den Mädchen gegenüber sehr auffällig verhalten; durch Schubsen und Kneifen suchen sie Kontakt. Einen offiziell angeordneten Sexualunterricht gibt es bei uns nicht, deswegen können wir nur auf freiwilliger Basis eine Aufklärungsstunde wöchentlich durchführen. Mit den Jungen macht es ein Kollege, mit den Mädchen habe ich es übernommen. Natürlich kriegen die Kinder in den beengten Wohnverhältnissen von klein auf mit, was sich zwischen den Eltern abspielt. Wie lenkt man dieses praktisch Gesehene und Erlebte in eine pädagogisch aufklärerische Bahn? Dazu kommen die schlechten Gewohnheiten unter den Mädchen, gerade Rauchen, Tabletten schlucken usw. Eine Zeitlang hatte sich unter den Jungen eine Tankstellenbande gebildet, die sich nachts an den Benzinsäulen der Tankstellen zu schaffen machte, um sich zu betäuben. Und dann die steigende Kriminalitätsrate unter der Gecekondujugend... Ganz abgesehen von den alltäglichen Mißgeschicken: Neulich, als auf den Treppen ein Mädchen von einem Jungen geschubst wurde, fiel ein kleines Mädchen aus der ersten Klasse die Treppe herunter. Da das Kind weiter nichts sagte, hatten wir nichts unternommen. Am nächsten Tag kam ihr Bruder.

Verzweifelt erzählte er mir, daß die Kleine die ganze Nacht nicht geschlafen hätte vor lauter Schmerzen, der Arm wäre dick und blau geworden. Ich nahm mir ein Taxi und packte die beiden - die Eltern waren nicht anzutreffen - und eilte zum Krankenhaus. Bei den Röntgenaufnahmen stellte sich heraus, daß der Arm an fünf Stellen gebrochen war: »Wenn der Bluterguß in 24 Stunden nicht weg ist, ist es hoffnungslos, Frau Lehrerin, dann muß der Arm amputiert werden«, sagte der Arzt. Ich nahm das Kind zu mir nach Hause, da ich inzwischen erfahren hatte, daß die Mutter und der Vater in Bentderesi arbeiteten, in dem berüchtigten Konzentrationsgebiet für Prostitution. Vater war Zuhälter, Mutter verkaufte sich. So war ich nicht sicher ob sie über Nacht überhaupt nach Hause kommen würden. Die ganze Nacht saß ich voller Angst an ihrem Bett; kaum ließ die Wirkung der Schmerztabletten nach, schrie die Kleine wie am Spieß. Ich verdoppelte die Menge der Schmerzmittel, gegen Morgen waren wir beide eingeschlafen. Als ich mit einem Angstklumpen im Magen zitternd aufwachte, sah ich, daß der Arm nicht mehr dunkelblau, sondern ins Lila übergegangen war, sie überlebte und behielt ihren Arm!
In dieser Nacht wurde mir unsere Unfähigkeit zu handeln klar, was mich mit unglaublicher Wut erfüllte. Am nächsten Tag bat ich meinen Schulleiter, eine außerordentliche Lehrerkonferenz einzuberufen. Er war auf meiner Seite. Einige Kolleginnen wollten nicht noch nach der sechsten Stunde bleiben, doch ich setzte mich durch. Gleich am nächsten Tag fand die Konferenz statt. Der Rektor eröffnete die Sitzung, ich übernahm das Wort. In einem Zug erzählte ich von meinen Erfahrungen und der neuerlichen Entdeckung des sozialen Elends, in dem unsere Schüler lebten. Wir könnten uns nicht leisten, als Gecekondulehrer den Unterricht wie in gewöhnlichen Schulen abzuhalten und nach Hause zu gehen. Wir müßten uns vielmehr um jeden einzelnen Schüler küm-

mern. Ich machte Vorschläge wie regelmäßige Hausbesuche, Elterngespräche, Förderunterricht für Seiteneinsteiger und Hausaufgabenhilfe. Ein Extrafonds sollte mit freiwilligen Beiträgen für die dringend hilfebedürftigen Kinder eingerichtet werden. Dafür stellte ich den ersten Betrag, die Summe, die ich für meine Aussteuer gespart hatte, zur Verfügung. Das Geld hatte ich noch in den Internatsjahren von Vaters Überweisungen gespart. Aus den hinteren Reihen wurden Stimmen laut wie: »Ja, du hast ja keine Familie, und dein Vater schickt dir genug Geld aus Deutschland...« Eine Kollegin weinte. Dann stand sie auf, um ein Geständnis abzulegen, sie sagte: »Ich bin tief berührt, ja sogar beschämt, denn ich habe die gleiche Summe, liebe Kollegin, die Sie für den Fonds geben, gestern im Glücksspiel verloren.« Sie war eine Offiziersfrau und überhaupt in unserer Schule fehl am Platz. So ist es aber manchmal. Ich kann jedoch mit Gewißheit sagen, daß wir sie für unsere Sache gewonnen haben. Noch in dieser Konferenz beschlossen wir verstärkte Elternarbeit, Alphabetisierungskurse, Näh- und Kochkurse, Kurse zur Familienplanung, Geburtenkontrolle, Ernährung und Hygiene für Mütter. Wir baten das Erziehungsministerium um Unterstützung. Wir bekommen jetzt sowohl finanzielle als auch ideelle Hilfe wie Stundenermäßigung und Extravergütung für die kursleitenden Kollegen. Die Zahl der Kursteilnehmerinnen und der Gruppen wächst ständig, wie die Bevölkerungszahl der Gecekondus, obwohl seit drei Jahren das Bauen von Gecekondus verboten ist. Dem Verbot zum Trotz bauen die Menschen alle Hoffnungen mit in neue Gecekondus, die, sobald von den Behörden erfaßt, gleich wieder zerstört werden. Die Menschen geben nicht auf, Widerstand zu leisten, sie beharren auf dem Leben. Hoffnungen entstehen wie der Phönix aus der Asche.
Der Frühling beginnt auch bei uns. Blätter und Blüten sprießen über Nacht, in den Vorgärten und Gewächskästchen an

den Verandas der Gecekondus schießen die jungen Zwiebeln, Petersilie und Kräuter hervor, deren Samen die Frauen aus ihren Dörfern mitgebracht haben. Frauen sitzen jetzt in Grüppchen vor den Türen bei ihrer Handarbeit, wärmen ihren Rücken in der Sonne, unter ihnen junge Frauen in guter Hoffnung. Einige von ihnen waren meine Schülerinnen. Mit manchen von ihnen habe ich fünf Jahre lang meinen Alltag, meine Freuden, meinen Kummer geteilt. Wie Erwachsene, wie gute Freunde standen sie mir in meinen schlimmsten Zeiten bei. Vor allem die Schülergeneration der politisch schwierigen Zeiten ist eine bewußte Generation, zumal sie die politischen Ereignisse selbst erlebten wie Hausdurchsuchungen, Verhaftungen ihrer Brüder und ihrer Väter.

Ich erinnere mich an den Morgen meiner ersten Verbannung. Als wir wieder in der aktuellen Stunde von den Ereignissen der letzten Tage sprachen, klopfte es an der Tür, und die Schulbedienstete übergab mir einen Briefumschlag. Das konnte nichts Gutes sein, dachte ich und öffnete den Umschlag mit zitternden Händen. Siehe da, ich wurde von meiner Schule verbannt und in ein Bergdorf in der Nähe von Bolu geschickt. Der Grund dafür war ein landesweiter Protest von Lehrern, Angestellten und Intellektuellen unter dem Motto: »Es sollen keine Menschen mehr getötet werden!« 1978 hatte es in Kahramanmaraş ein furchtbares Massaker durch extremistische Gruppen gegeben. Die ganze Stadt hatten sie in Brand gesetzt, Frauen geschändet, Kinder ermordet. Landesweit protestierten wir Lehrer gegen dieses Ereignis. Daraufhin kamen massenweise die Suspendierungen vom Dienst, die Verbannungen.

In dem Bergdorf in der Nähe von Bolu blieb ich sechs Monate. Während dieser Zeit lief mein Widerspruchsantrag; ich hatte Erfolg, nach einem halben Jahr durfte ich dann an meine Schule zurückkommen. Als ich meinen ersten Verbannungsbefehl schriftlich bekam, las ich den Brief noch im

Unterricht. Ich muß sehr blaß geworden sein, so daß mich die Schüler beunruhigt mit Fragen bestürmten. Als ich ihnen ankündigte, daß ich sie verlassen müsse für eine unabsehbare Zeit, war ihre Empörung groß. »Wir lassen Sie nicht gehen, wir gehen allesamt zum Ministerium«, sagten sie. Als Vertretung kam ein Kollege aus der Priester- und Predigerschule in meine Klasse. Die Schüler akzeptierten ihn aber nicht. Sie protestierten und machten ihm Schwierigkeiten. Der Kollege war sehr nett zu mir und solidarisch; wie er mir später berichtete, hätten die Schüler ihn altklug wegen seiner Methode kritisiert, ihm seine Fehler vorgehalten und ihm jedenfalls jeden Tag deutlich zu spüren gegeben, daß sie mich vermißten. Dabei konnte doch der Kollege nichts daran ändern. In meiner sechsmonatigen Abwesenheit hatten meine Schüler mir lange, ausführliche Briefe geschrieben, so blieb der Kontakt erhalten. Die Freude war dann unermäßlich groß, als ich zurückkehrte. Diese Kinder haben drei Verbannungen von mir im Laufe der fünf Jahre durchgemacht. Mein Verhältnis zu ihnen ist in keiner Weise beschreibbar. Viele meiner ehemaligen Schüler besuchen die Oberschulen. Wenn sie ihre Zeugnisse bekommen, eilen sie zuerst zu mir, stolz, als wollten sie sagen, daß all meine Mühe nicht umsonst war. Manchmal sitzen Schüler traurig im Unterricht. Kaum berührt meine Hand ihren Kopf, fließen ihre Tränen. Sie tragen ihre Sorgen aus den familiären vier Wänden in den Klassenraum. Man muß sich mit ihnen gesondert beschäftigen. Man kann von ihren Augen ablesen, daß sie mit den Problemen der Erwachsenen nicht fertigwerden. Meistens verstehen sie nicht einmal, daß selbst die schlimmsten Auseinandersetzungen zwischen ihren Eltern finanzielle Ursachen haben. Aber dann gibt's auch Freuden, wenn auch nur kurzatmige Glückserlebnisse. Wie Gürol neulich erzählte, war er mit seiner Mutter in die Stadt gegangen, um Besorgungen zu machen. Aus Neugierde gingen sie in eines der großen

Kaufhäuser. Obwohl es auch normale Treppen gab, wollten sie beide doch die Rolltreppe benutzen. Da ihr Staunen groß war und sie nicht recht wußten, wie sie sich zu bewegen hatten, rutschten sie auf ihr aus und rollten auf dem Rücken hinunter. »Meiner Mutter war der Rock ganz nach oben gerutscht, die Schuhe hatte sie auch verloren, aus ihrer Tasche rollten tausenderlei Sachen auf den Boden. Peinlich war es! Alle Leute standen und starrten uns an! » Die ganze Klasse bekam Bauchkrämpfe vor Lachen. - Sie erzählen alles in der Klasse; stunden-, sogar tagelang könnten sie über die Filme, die sie im Fernsehen gesehen haben, berichten. Das ist für mich eine wichtige Gelegenheit, diese amerikanischen Filmreihen wie »Dallas« oder »Charlie's Engel« mit ihnen gemeinsam zu zerfetzen. Das Fernsehphänomen gibt es schon einige Jahre, erstaunlich viele Familien verfügen über ein Gerät; es ist ein Rätsel für mich, wie diese Familien dazu kommen, denn die Fernsehapparate kosten noch immer sehr viel Geld. Dazu gibt es sie jetzt neuerdings auch noch in Farbe.

Früher, in den Gewerkschaftsversammlungen, hatten wir einen Ausschuß von Lehrerkollegen gebildet, die in den Gecekondus arbeiteten. Damals gab es einen sehr guten Austausch unter uns Lehrern; wir kamen aus verschiedenen Gecekondugebieten der Stadt, kannten die Strukturen und die Bewohnerschaft gut. Wir tauschten unsere Erfahrungen aus und boten uns gegenseitig Hilfe. In den Jahren der politischen Unruhen verstärkte sich die Rotation unter den Schülern, viele gingen zurück in ihre Dörfer, zum Teil kamen sie nach einiger Zeit zurück. Auch politisch waren sie unterschiedlich eingestellt. Die alteingesessenen Familien deren Väter bei der Eisenbahn, in den Elektrizitäts- oder Wasserwerken arbeiten, haben ein relativ gesichertes Leben im Verhältnis zu den Späteinwanderern, bei denen man kaum mit festen Arbeitsplätzen rechnen kann. Natürlich lassen die

beruflichen Tätigkeiten der Väter die Entfaltungsmöglichkeiten ihrer Kinder nicht unberührt. Die ganze Familienstruktur bei den Einwanderern ist ohnehin ständig im Wandel, so wächst heute eine Generation von Mädchen und Jungen heran, die sich als Synthese des Gecekonduphänomens bezeichnen läßt, wohl mit all ihren Defiziten, aber auch einem Selbstbewußtsein, das unserem weit überlegen ist. Sie werden die Zukunft übernehmen, neu gestalten. Unter dem Eindruck dessen, was sie im Gecekonduelend selbst erlitten und gelernt haben, werden sie den nächsten Generationen vielleicht den Boden ebnen, damit nicht mehr Millionen Menschen sich wieder der Willkür der Feudalherrschaft beugen oder Haus und Hof verlassen müssen. Nicht im eigenen Land und nicht in die Fremde! Der Mensch ist dort glücklich, wo seinesgleichen sind.
Es ist bald ein Vierteljahrhundert, daß mein Vater in Deutschland arbeitet. Sein Leben ist in der Finsternis untertage vergangen. Seine Lungen seien schwarz wie die Nacht, schrieb er. »Ich kann nicht mehr, ich bin am Ende, man will uns hier nicht mehr haben, Şirin. Stell dir vor, 24 Jahre habe ich in einer geliebtenden Kohlebergwerken mein Leben hergegeben, jetzt braucht man uns nicht mehr. Es vergeht nicht ein Tag, an dem nicht Hunderte von Menschen auf die Straße gesetzt werden, die Bosse haben uns genug ausgesaugt, nun will man uns nicht mehr. Sobald ich hier die nötige Bürokratie erledigt habe, bin ich bei dir, meine Liebe, sobald...« Sobald, sobald, das geht schon seit Jahren so. Wie oft wollte er den Deutschen alles fluchend vor die Füße werfen: »Seht zu, wie ihr mit eurem Dreck selbst fertig werdet.« Wie oft hatte er es beschworen. Doch dieses Mal wird er kommen, ja er wird kommen, und er weiß noch nicht, wie schwer er es hier haben wird.
Die Nacht senkt sich.

Anmerkungen

Abidinpaşa: Stadtteil in Ankara.
Alevit: Angehöriger der türkische-islamischen Glaubensrichtung mit häreischer Prägung.
Altındağ: Stadtteil in Ankara.
Bentderesi: Stadtteil in Ankara.
Cem: Alevitisches Ritual mit Rezitation und Tanz.
Çinçinbağları: Stadtteil in Ankara.
Dede:Alevitischer Geistlicher.
Dolmuş: Sammeltaxi.
Gecekondu: Über Nacht gebautes Slumhaus aus Pappe, Blech, Holzbrettern und Ziegelsteinen.
Gözleme: Das aus Teig gemachte und in Öl gebratene Fladen.
Helva: Türkische Süßigkeit aus Sesampaste und Zucker.
İmam: Islamischer Vorbeter.
Kadın: Frau.
Kars: Provinzhauptstadt an der sowjetischen Grenze.
Kayaş: Stadtteil in Ankara.
Keçiören: Stadtteil in Ankara.
Kuruş: Türkische Geldeinheit.
Mamak: Stadtteil in Ankara.
Muhtar: Gemeindevorsteher.
Müezzin: Islamischer Gebetsrufer.
Ozan: Barde.
Salavat-Gebet: Rezitation von Koran-Suren zum Ruhme von Mohammed.
Saz: Türkisches langhalsiges Saiteninstrument.
Sunnit: Hauptzweig des islamischen Glauben.
Topraklık: Stadtteil in Ankara.
Tuzluçayır: Stadtteil in Ankara.
Türközü: Stadtteil in Ankara.
Zwölf-Imame: Jünger und Verfechter der Ideen vom Kalif Ali, dem Schwiegersohn des Propheten Mohammeds.